U0693186

本书为北京市社会科学基金重大项目："中国特色舆论学科体系三十年发展研究"（项目编号：17ZDA06）的课题研究成果

课题负责人：喻国明

课题组成员：杨　雅　潘佳宝　杨颖兮　陈雪娇

舆论学在中国的发展
理论学说、时代演进与实践应用

喻国明　耿晓梦　潘佳宝　著

THE DEVELOPMENT
OF
PUBLIC OPINION STUDIES IN CHINA

人民日报出版社

北　京

图书在版编目（CIP）数据

舆论学在中国的发展：理论学说、时代演进与实践应用／喻国明，耿晓梦，潘佳宝著 . —北京：人民日报出版社，2021.7

ISBN 978－7－5115－7059－8

Ⅰ.①舆… Ⅱ.①喻… ②耿… ③潘… Ⅲ.①舆论—研究—中国 Ⅳ.①C912.63

中国版本图书馆 CIP 数据核字（2021）第 119657 号

书　　名：	舆论学在中国的发展：理论学说、时代演进与实践应用
	YULUNXUE ZAI ZHONGGUO DE FAZHAN：LILUN XUESHUO，
	SHIDAI YANJIN YU SHIJIAN YINGYONG
著　　者：	喻国明　耿晓梦　潘佳宝

出 版 人：刘华新
责任编辑：梁雪云
装帧设计：主语设计

出版发行：人民日报出版社
社　　址：北京金台西路 2 号
邮政编码：100733
发行热线：（010）65369509　65369527　65369846　65369512
邮购热线：（010）65369530　65363527
编辑热线：（010）65369526
网　　址：www.peopledailypress.com
经　　销：新华书店
印　　刷：三河市华东印刷有限公司
法律顾问：北京科宇律师事务所　010-83622312

开　　本：710mm×1000mm　1/16
字　　数：120 千字
印　　张：12
版次印次：2021 年 7 月第 1 版　　2021 年 7 月第 1 次印刷

书　　号：ISBN 978－7－5115－7059－8
定　　价：58.00 元

目　录
CONTENTS

第一章

新中国的舆论研究：从议题变迁、意见新态到范式转向

【摘要】中国虽是较早进行民意测验的少数几个国家之一，但舆论研究的正式起步是在改革开放之后。媒介技术的发展和政治社会环境的变化给舆论学研究不断带来新的问题，学科热点处于相对剧烈变化的状态。技术的革新进一步释放社会话语，智能互联时代公众意见表达呈现复杂多样的样态：关系传播虽然构成意见的长尾，但也加深了群体的分化；意见表达"强情绪—弱事实"，情绪宣泄多于理性对话；接力传播下平台呈多元化、去中心化，算法过滤加剧社会舆论分化。相对于日渐丰富的舆论生态现实，中国舆论研究稍显滞后，未来舆论研究可尝试从情绪情感与社会心理、多元民意协商与现代治理以及复杂系统互动等话题中寻求创新突破。

【关键词】舆论研究　热点议题　社群　情感传播　复杂系统

2019 年是中华人民共和国成立 70 周年，我国的舆论研究也经历了一个由抑到扬的曲折发展历程。1949 年起，我国舆论研究空白了整整 30 年；改革开放之后，以专业调查机构出现为起点，舆论研究紧随时代发展的大潮，迎来了飞速发展的繁荣期。当下的中国舆论研究已获得长足的发展，但伴随着技术对中国社会环境和媒介格局的进一步改造，智能互联时代的新传播生态及新舆情生态给舆论研究带来了新的机遇与挑战，因此，非常有必要从历史发展的时间序列的维度上重新审视与思考中国舆论研究的历史、当下与未来。

一、中国舆论研究的起步

舆论调查研究是民主政治和社会文明发展的必然产物。1824 年，美国的《宾夕法尼亚人报》和《罗利明星报》随报印发模拟选票进行选民的态度测试，这被认为是舆论调查的开端；大多数学者则将 1935 年盖洛普民意研究中心的创建和它与《幸福》杂志进行的民意测验作为规范化、专业化舆论调查勃兴的标志。而中国虽是世界上较早进行过民意测验的少数几个国家之一，但舆论调查的广泛开展与舆论研究的学科建设则是在改革开放之后。

（一）舆论调查在旧中国的乱世夹缝中艰难发育

中国封建社会绵延数千年，虽有"谏鼓""谤木""肺石"

之举，但与现代意义上的舆论调查相去甚远。20 世纪初，随着西方国家各统计学派观点的传入和五四新文化运动的兴起，一些有识之士开始借助统计学方法研究社会问题。1922 年，现代心理学家张耀翔在北京师范大学成立 14 周年庆祝大会上组织"时政热点问题"民意测验，填答问卷者近千人；1923 年，北京大学 25 周年校庆时，该校教师也对前来庆贺的师生及宾客进行了民意测验。这批中国早期的民意测验活动虽然开我国民意调查之先河，但就主办人动机而言，或多或少还带有某种添人雅趣的游戏成分，是"中国民意测验的趣味性阶段"。

　　然而在经历了一个趣味性阶段之后，虽然有一些机构、新闻媒介开展过类似的调查，但其社会影响力微乎其微，战乱频仍的中国并没有相应地迎来舆论调查事业勃兴的时代。在旧中国（中华人民共和国成立前）严酷、落后的政治现实和社会现实下，舆论调查这株西来之木尽管发芽很早，却始终未能很好地发育成长。从 1922 年到 1949 年国民政府垮台，在长达 27 年的发展中，中国未能建立起规范的、专门的民意调查机构，也未能进行一次全国性的民意调查。舆论调查在旧中国的夹缝中始终处于一种极度营养不良的委顿状态。①

（二）新中国成立后舆论调查研究的必要性被忽视

　　新中国成立后，由于对实证科学缺乏必要的认知，又因当时

---

① 喻国明，刘夏阳. 中国民意研究 [M]. 北京：中国人民大学出版社，1993：8-10.

与苏联、东欧相似的情况，舆论调查研究的必要性与重要性被忽视，舆论研究空白了近 30 年。

当时的苏联、东欧一些国家对民意的基本理解是"在社会主义国家，民意的新特点是民意与政府的一致性达到了其内容完全没有冲突的程度"。按照这种被称为"同一理论"的民意学说，既然人民群众与政府决策人之间在意见和想法上完全一致、毫无差别，自然就没有任何进行舆论调查研究的必要了。加上舆论调查在"出生证"上的西方资本主义国家的异端色彩，舆论调查研究在相当长一段时间内受到了"顺理成章"的冷遇甚至批判。20世纪 50 年代后期，苏联以及东欧社会主义国家社会实践的发展和社会危机的出现极大地动摇了民意学说上的"同一理论"，苏联与东欧国家才开始重视舆情与民意研究，舆论调查机构应运而生。而在中国，由于种种原因，直到党的十一届三中全会以后，舆情与民意调查活动才得以在中国大地上逐渐复苏。

（三）改革开放的社会变局催生了新中国舆论研究的新篇章

党的十一届三中全会的召开，重新确立了马克思主义的实事求是的思想路线。随着改革开放政策的实施，"决策民主化科学化"的主张被提出，冲破了僵化的体制和陈旧的观念，使得日益活跃的社情民意顺畅地进入政策形成过程并体现在决策之中成为可能。在这种条件下，舆论调查悄然兴起。1979 年 9 月，北京日报内参部在北京维尼纶厂调查了解企业工人、干部和技术人员对"四个现代化"的信心等重要问题的看法，这是新中国成立30年以来的第一次民意调查。而在我国新闻界影响较大的是1982年北京新闻学会调查组进行的"北京市读者、听众、观众调查"，首次采用随机抽样、统一问卷、直接访问的方式，揭开了民意测验在中国的新篇章。

舆论调查广泛展开并形成一定声势是在20世纪80年代中后期专业机构相继问世之后。1986年10月，由甘惜分教授领导的中国第一家学术性舆论研究和调查机构——中国人民大学舆论研究所成立，由此拉开新中国舆论学研究的序幕；1986年12月中国第一家民营的社会调查机构——中国社会调查所成立；1987年5月，官方的全国性民意调查机构——中国社会调查系统成立。不同层次和规模的专门调查机构的出现，使我国舆论调查研究从零散的、非专业化的形式走向系统化和专业化。

中国人民大学舆论研究所成立后的首次调查就是围绕着1986年底至1987年初的学潮，针对当时的新闻宣传工作中"不利的情况不报"的传统做法，提出了"报比不报有利、早报比晚报有利、主动报比被动报有利"的调查结论，成为当时党中央宣传思想工作领域改善宣传工作"入耳、入脑、入心"的主要参照材料。之后，一系列的民意测验与舆情研究得以大规模开展。其中，1988年首都知名人士龙年展望的调查，针对200余名党和国家领导岗位上的中央委员、全国人大和政协常委等具有"三高"（高龄、高知和高职）特征的知名人士展开新闻与社会改革意向的专项调查，引发了巨大的社会反响，《人民日报》为此在一版显著位置发表评论员文章"多一点阳光，多一点透明——评首都知名人士龙年展望的调查"。

可以说，在当初物质条件相对匮乏的情况下，学人们凭借着对国家和人民的爱与责任，奠定了新中国舆论学研究的起步阶段的格局、境界和品质。

二、中国舆论研究的发展阶段和热点议题的变迁

以 1986 年中国大陆第一家专门从事舆论调查和研究的学术机构——中国人民大学舆论研究所——成立为起点，我国舆论研究走过了 30 多年的发展历程，逐渐成为社会科学研究领域的一门"显学"。密切涉及政治、传播、管理，以及个人社会行为、社会关系等方方面面问题的舆情和民意成为多个学科的重要研究对象、工具和手段；新闻传播、社会学、计算机科学、图书情报学、政治学甚至军事学、教育学等多学科背景研究者共同开拓舆论研究领域。

厘清我国舆论研究的演进历程，描绘舆论研究的发展动态，对加强我国舆论研究的理论创新和学科建设工作有着积极的启发意义。因此，近年来一些研究者尝试利用科学知识图谱对我国舆论学研究和网络舆情研究进行梳理。其中，聚焦于新闻传播视域，

潘佳宝、喻国明基于文献计量学中的共词分析方法，对30年间新闻传播学领域内舆论研究的热点议题的变迁进行了梳理。① 基于对高频关键词的纵向梳理，可以将中国舆论研究大致划分为四个阶段，特定的社会历史现实下各阶段所关注的研究问题与所使用的研究方法不断迭代。

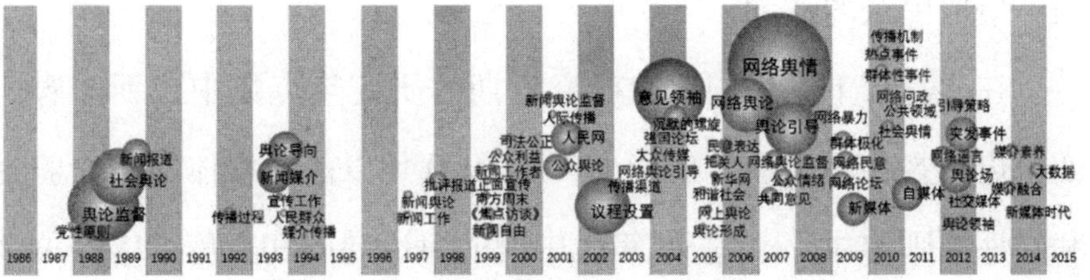

图1-1 高频关键词的纵向梳理图

（一）20世纪80—90年代：新闻媒体的舆论监督和舆论引导功能

改革开放以来"思想解放"作为时代关键词，舆论则伴随着社会的变革也越来越受到政府的重视。1987年10月，党的十三大报告提出："重大情况让人民知道，重大问题经人民讨论。"舆论监督成为这一时代的重要社会特征。

20世纪80—90年代的中国，各种社会关切的问题讨论主要集中在大众传媒上开展，社会舆论的话语平台最早依附于报纸媒

---

① 潘佳宝，喻国明. 新闻传播学视域下中国舆论研究的知识图谱（1986—2015）——基于文献计量学的研究 [J]. 现代传播，2017（9）.

体，以当时的《人民日报》为核心代表；20 世纪 90 年代随着电视机的普及，舆论的话语平台进而转移到以央视为代表的电视媒体上。这样的技术路径决定了公众意见由大众媒体代为表达，所谓"舆论引导"，不是指导民众顺应国家发展需要直接参与讨论，而是大众媒体顺应需要替代公众讨论，再将得出的结论传达给民众，争取民众的认同。

在此背景下，中国舆论研究早期的研究热点集中在新闻媒体的舆论监督和舆论引导功能上，从 1990 年以前对媒体的舆论监督和党性原则的讨论，到 90 年代中期的舆论导向和宣传工作等关键词，以及 90 年代后期的批评报道、《焦点访谈》等。这一时期"舆论"的主体主要是新闻媒体，一方面，媒体作为"第四权"对公权力实施舆论监督，研究对象包括"批评报道""南方周末""《焦点访谈》"等；另一方面，这一时期的舆论研究主题也包括新闻媒体对普通民众的舆论引导。

整体来说，这一阶段的研究方法大部分是思辨的、非实证的，研究主题带有新闻实务的学科背景和浓厚的政治导向色彩。

（二）2001—2006 年：网络环境下舆论传播的总体规律

自中国于 1994 年全面接入互联网后，互联网自身具有的超强信息传播力开始显现。第一批网站建立之际，如 1995 年"瀛海威时空"开通时，便提供了基于网站的电子论坛（BBS）服务，立刻成为网民意见表达的活跃园地。论坛不仅成为各网站的"标配"，而且还有一些发展成了规模巨大的网络社区。1997 年元旦，人民日报主办的人民网正式上线，成为中国开通的第一家中央重点新闻宣传网站；根据党中央文件《国际互联网新闻宣传事业发展纲要（2000—2002 年）》的部署，从中央到地方的新闻网站建设进入快车道，形成了以重点新闻网站为龙头的传播矩阵，担负起正确引导舆论、发挥正能量的主力作用。

随着网络论坛与网络媒体的出现与发展，网络成为民意表达的通道。虽然在 21 世纪初，网络传播的内容多半来自线下，网上的"居民"还只是公众中的一小部分，但舆论研究的对象已由报纸、广播、电视转向网络及公众，更加接近真正的"舆论"研究。

在此背景下，2001—2006 年这一阶段的舆论研究，引入了大量的传播学理论和传播学名词，主要是对网络媒体出现带来的新的传播环境、新的传播规律的讨论、厘清和界定，"议程设置""意见领袖""沉默的螺旋"等传播学名词成为高频关键词，有相当一部分研究是对已有的传播学理论和传播规律能否应用于网络的分析和讨论。也就是说，网络舆论研究起步阶段的主要议题是对舆论在网络环境下传播的总体规律的讨论。

从研究方法来看，这一阶段开始出现个案研究、内容分析、民意调查等实证研究。

（三）2007—2010 年：热点事件中的网络舆论生成

伴随着网络的普及，互联网在经历了以门户网站、新闻网站

为代表的 Web1.0 阶段向引入社区、社会化网络等概念的 Web2.0
阶段迈进，博客及博客文化成为互联网的热点，社会舆论话语平
台转移到以 PC 端为代表的互联网中，突出代表是呈现出三足鼎
立之势的猫扑、天涯和凯迪社区等。

随着改革进入深水区，深层次的社会矛盾逐渐显现。官员腐
败、贫富悬殊、分配不公等问题成为社会舆情集中的场域。网络
往往起到了放大舆论热点、引爆公共事件的作用。而广大网民的
参与，则极大地改变了事件的进程，扩大了其影响力。由网民设
置的议程转变为媒体议程，进而成为政府议程的事情屡见不鲜。①

在此背景下，2007—2010 年，舆论研究迎来爆发期，"网络
舆情""网络舆论"这两个最高频的舆情本体词便是在此阶段涌
现出来的，并产出多篇高影响力的论文。这一阶段的研究对象更
加聚焦，邓玉娇案、"躲猫猫"案、汶川大地震、央视新台址大
火等热点事件、群体性事件和突发公共危机中的网络舆论成为关
注焦点，研究重点集中于分析这些事件中的舆论形成、媒体作用
以及官方引导等。同时，研究视野得以拓展，研究者尝试从社会
学和政治学视角讨论网络作为公共空间在社会层面上的作用：一
方面，网络推动公民政治参与；另一方面，网络环境下的网络暴
力、群体极化、民粹主义、谣言等负面现象也成为探讨的焦点。

另外，研究方法在此阶段受到了充分的重视，开始出现专门
针对舆情调查和分析方法的研究。

---

① 丁柏铨. 对新中国建立以来舆论形态的历史考察 [J]. 当代传播，2011 (1).

（四）2011 年后："新媒体时代"的网络谣言与舆论引导

在新技术的引领下，新应用、新业态的出现继续推动着互联网传播格局的变化。微博和微信等社交媒体的出现，使互联网传播进一步升级，从更大的技术背景看，如今已全面进入光纤宽带时代、移动互联网时代、云计算时代和大数据时代。

随着移动互联网的崛起和社交媒体的普及，舆论的主要发酵地转向社交媒体和自媒体，社会舆论话语平台明显呈现出向以手机为"第一媒体"的移动社交平台的话语空间转移的趋势，移动社交入口级平台成为社会舆论话语的中心平台。

2011—2013 年，舆论研究的重心依然是谣言、民粹主义等网络舆论的消极面。另外，在舆论引导能力被视为党的执政能力的构成要素之一，成为执政能力建设的一项重要内容的背景下，舆论引导策略依然是研究热点。但舆论主体研究由对普通网民的关注转而集中到对新意见阶层的考察，以政务微博和舆论领袖为主要研究对象。

而随着技术的进一步成熟发展，媒介融合成为传媒业发展最显著的趋势之一。2014 年被称为"媒体融合元年"，媒体融合发展战略正式上升至国家层面。也正是从 2014 年开始，舆论研究的媒介形态开始从早期的报纸、广播、电视等传统媒体，以及后来的网络和社交媒体，转向了"新媒体时代"的媒介融合。舆论研究正在从单一媒体扩展到媒介融合环境，线上和线下、虚拟和现实之间的交互作用机制逐渐被关注。

此外，这一时期使用的研究手段也更加完善，大数据挖掘、社会网络分析、复杂网络、系统动力学等方法也被应用到了舆论研究中。

总体来看，30 多年间，伴随着经济高速发展以及社会转型，媒介技术的社会化发展，网络论坛、微博、微信等各类新兴的传播渠道先后诞生和普及，舆情研究的对象和环境不断发生变化，媒介技术的发展和政治社会环境的变化不断给舆论学带来新的研究问题。在新闻传播学领域的舆论研究中，除了"社会舆论""公众舆论""网络舆论"等舆情本体词以及比较好地满足了现实需要的"舆论引导"研究之外，几乎没有具有相对持续研究热度的研究主题词。我国的舆论研究总体上带有强烈的现实和实践导向，研究主题和社会现实互动紧密，学科热点处于相对剧烈变化的状态。

三、智能互联时代公众意见表达的新样态

媒介技术的不断革新为社会话语的释放提供了无限可能，媒介技术不断对社会舆论场域进行着边缘突破，可以说，媒介技术是整个社会舆论生态演变的最直接推动力量。①

信息科技发展正经历从固网互联、移动互联到万物互联的延

---

① 喻国明. 当前社会舆情场：结构性特点及演进趋势 [J]. 前线，2015（12）.

伸，新技术建立广泛的智能、连接和协作，万物皆在线（online），线上网络成为连接一切的基础设施，触达更广泛的人群。毫不夸张地说，网络成为当下中国最大的社会变量，对社会系统产生全方位的影响。

今天的网络舆论已是社会的主流舆论。① 而随着知识问答与短视频社交等新技术平台的崛起以及人工智能与虚拟现实等新技术元素的嵌入，虚拟现实空间与线下空间的界限不断模糊，传播生态与舆论格局顺应这一趋势发生转型和重构，公众意见的表达呈现出多样与复杂的局面。清楚认知当前中国社会舆论生态正在发生的变化是中国舆论研究创新发展的前提，必须深刻把握智能互联时代公众意见表达的新样态。

（一）关系传播趋势下社群圈层构成意见的长尾，抱团取暖加深群体分化

社群是智能互联时代公众意见表达的硬件。互联网作为一种"高维媒介"是对于个人权利、传播力和资源价值的"激活"，被"激活"的个人成为传播的主力：不仅在众声喧哗、意见冗余的网络空间内拥有了选择权，更重要的是获得了信息自我生产、自我消费、自我传播的权力，推动传播网络和关系网络深度融合。②

① 喻国明，侯颗，郭超凯. 舆论场转向与政策松绑 [J]. 教育传媒研究，2017（2）.

② 喻国明. 互联网是一种"高维"媒介——兼论"平台型媒体"是未来媒介发展的主流模式 [J]. 新闻与写作，2015（2）.

移动互联网社交媒体的勃兴使人们得以重新部落化、族群化，传播行为的连通性、广泛性和参与度更加强化，信息生产和消费模式发生了深刻变化，关系传播将逐步取代大众传播、组织化传播成为社会传播的主流传播形式。

1. 劣势意见"分区自治"，借助社群区隔构成社会意见的长尾

初现雏形的网络社会具有扁平化、去中心化等特征，社会个体的个性化特征得到充分保障。虽然社会意见由于传播能力的不同依旧会分化为"优势意见"与"劣势意见"，但不同于传统大众社会中劣势意见面对优势意见的沉默与转变，社交媒体时代的劣势意见"分区自治"，形成了一个多元、过载、混沌、嘈杂的社会意见"超级市场"。①

社交网络时代来临为各类个体提供了找到志同道合之友的可能性。不同的个体开始基于血缘、地缘、学缘、业缘和趣缘等形成独立的圈子，面对海量的信息与意见，个体更倾向于通过"部落化小圈子"获得信息、分享观点、获取归属感。一些小众需求得以满足，形成了诸多异质的亚文化小圈子，在定位明确、准入严格的亚文化圈层中劣势意见得以传播和增殖，形成一个巨大的长尾意见市场。借助社群区隔，优势意见与劣势意见共存共生，构成了信息过载、中心多元的长尾传播格局。

---

① 赵立兵，熊礼洋. 从"沉默的螺旋"到"意见的长尾"：社会结构变迁与舆论形态重构 ［J］. 新闻界，2017（6）.

2. 公共议题探讨中社群的"抱团取暖"，使得舆情分布的"巴尔干化"愈发明显

关系传播中，个人在信息过滤的同时也完成了群体分化。以往"两个舆论场"的结构格局被进一步打碎分散到基于血缘、业缘和趣缘等而结成熟人网络、陌生人网络多元圈子，社会公共议题的探讨中"抱团"趋势强化，越来越多本应在网络公共领域开展的讨论与对话转向隐匿化、完全封闭的小圈子，使得圈子内部的归属感更为强烈，更容易形成一致的"意见气候"。

圈子内成员大抵拥有相似的价值观，致使个体得到的信息大多经过了"立场过滤"，与之相左的信息逐渐消弭；个体更倾向于跟从和重复与自我观点更为契合的信息，其同声同求、志同道合的特性加剧了群体中的"回声室效应"。过滤气泡效应和回声室效应让社群圈层"茧房化"，网络群体间的沟通与对话的难度逐步加大，加剧了社会群体分裂成有特定利益的不同子群，网络社群巴尔干化（Cyber-Balkanization）愈发明显。①

（二）情感传播趋势下意见表达"强情绪—弱事实"，情绪宣泄多于理性对话

情感是智能互联时代公众意见表达的重要因素。情感消费是社会消费行为的高级阶段。随着媒介技术的发展，信息渠道的价

---

① 李彪. 后真相时代网络舆论场的话语空间与治理范式新转向［J］. 新闻记者，2018（5）.

值不断被消解，优质的信息内容不再是稀缺性资源，信息消费更加关注的是信息能够带来的社会情感体验和情绪按摩需求。① 从社会舆论转向网络舆论阵地，尤其是"后真相时代"，"情感性"在社会舆论中的影响越来越凸显。

1. 情感和立场更具传播力，意见表达不再以真相和客观性为纲

作为《牛津字典》收入的 2016 年度词语——"后真相"，指在特定环境下，诉诸情感往往比客观事实的陈述更能影响舆论走向。在"后真相时代"，事实真相经过"七嘴八舌"地再阐释甚至是故意扭曲与篡改，其本身不再是事实真相的核心，而是让位于情感、观点与立场。

事实不再先行，观点始终居上。情感的力量比现象背后复杂多维的社会现实更富有传播力，意见表达与信息传播不再以真相和客观性为纲，信息传播过程中更注重情感和立场时，传播的内容和方向会极大地受到个体和群体心理的影响，强情绪下更容易出现非理性的表达与行为。当下，"标签化"和"归类化"成为网络舆论中的"兴奋点"；热点事件真相未明时，观点交锋和站队驳斥已愈演愈烈；不同情绪阵营的争锋对谣言的催生起到推波助澜的作用。

2. 信任焦虑加深衍生信任异化，信息理解变短变浅

在真相缺席的"后真相时代"，纷杂的网络议题中充斥着悖

---

① 喻国明. 社交网络时代话语表达的特点与逻辑 [J]. 新闻与写作, 2017 (7).

论、猜测与迷惘，信任焦虑衍生信任异化——信任不再完全基于客观事实与理性分析，反而更倾向基于个人利益诉求下的情绪与直觉的判断；相比于主流媒体，大众更信任观点趋同的其他社会成员，并倾向于无视立场相悖的言论与事实。[①] 一些谎言、谣言之所以能够大行其道，正是因为人们认为虚假信息中蕴含的"立场"比"事实"更加重要。信息理解变短变浅，不以达成意见共识为目的，情感宣泄往往多于理性对话。面对舆情事件的发生，个体更多表现出对弱势认同的应激行为，但只诉诸情感发泄并不关注事实真相，这种情感付出廉价，立即反应，迅速遗忘。

（三）接力传播趋势下舆论平台呈多元化、去中心化，智能算法加剧社会舆论分化

平台是智能互联时代公众意见表达的系统。得益于传播技术的革命，舆情生态场域中的新媒体平台不再仅仅只是微博、微信和新闻客户端，知识问答社区、网络直播、短视频社交等新技术平台已然兴起，并在意见表达与呈现上发挥重要作用。现在的舆情演化往往由多个平台接力完成，舆情生态更加复杂多变。

1. 意见表达平台分化，舆论场呈现碎片、分化、割裂的格局

"新技术平台爆料—微信刷屏—微博跟进—传统媒体报道—新闻门户客户端打通最后一公里"的接力传播模式已成为网络热

---

① 刘璐，谢耘耕. 当前网络社会心态的新态势与引导研究 [J]. 新闻界，2018 (10).

点事件传播的主要模式；① 个体通过各种平台带来信息增量，快速推动内容迭代。接力传播的背后是平台的分化：新型技术平台充当信息源、微信动员能力提升、微博重返高地，各平台建构独立的舆论场域。而平台的进一步分化是当下中国舆论场碎片、分化、割裂的具体表征。

研究显示，当下中国舆论场呈现出多元并存的格局：以《人民日报》、中央电视台、各级党报等传统媒体平台以及传统媒体主导的新媒体矩阵为代表，传播主流价值观；而模糊摇摆的灰色地带不明朗、难区分，微博、微信、网络论坛上，既有主流媒体微博和微信公众号发出的正面声音，也有普通网友、意见领袖的负面批评；还有唱衰、攻击社会的黑色地带，少数网络社区平台、微博、微信群中，存在"越轨"式的敏感信息及被认为是"非理性言论"的舆论。这"三个地带"有重叠、有互动、有转化，但总体上是相互独立、割裂、分化的。②

2. 智能算法在一定程度上加深了信息鸿沟，而过滤式传播则加剧了社会舆论的分化

新技术平台的多元化让个人和网络社群得以依靠自己所依附的技术平台表达各种不同的社会意见。但随着人工智能在信息传播领域的广泛应用，新技术平台大多数是基于用户观点与兴趣的

① 李彪. 社会舆情生态的新特点及网络社会治理对策研究［J］. 新闻界，2017（6）.
② 张志安，张美玲. 互联网时代舆论引导范式的新思考［J］. 人民论坛·学术前沿，2016（5）.

个性化传播平台，算法推荐的"过滤气泡"被广泛用于信息过滤。

平台以兴趣点为标准的精准分析和定向涵化，很容易造成信息的单一化、平面化问题，个体获取信息具有结构性的缺陷，但刻板性的引导会不断强化个体固有观念，由此造成个体间、个体与整体的信息鸿沟不断加深。过滤式传播则使个体桎梏于像蚕茧一般的"茧房"中，更加不愿意与其他个体进行对话、寻求合意，"信息茧房"现象进一步加剧了社会舆论的分化，社会共识、理解包容日益沦为稀缺之物。

四、当下中国舆论研究的反思与突围之路

在媒体格局发生根本性改变和社会利益诉求日益多元化的背景下，中国社会的舆论场生态正在发生重大变化。舆论主体的表达意愿、表达通道、表达方式等都发生了深刻的变革，公众意见表达的丰富性和复杂性较之前大大增加。这给既有的舆论阐释体系与方法工具构成了明显的挑战，也给舆论研究提供了深厚的现实土壤。

（一）发展瓶颈：理论供给严重不足、研究视域与方法工具亟待提升

必须承认，相对于日渐丰富的舆论生态现实，目前的舆论研

究是滞后的。中国舆论研究在理论供给、研究视域、方法工具等层面存在的发展瓶颈不容忽视。

近年来，舆论研究的价值取向偏重应用性，理论创新的供给严重不足。"学"为末、"术"为主、"策"为上是当下中国舆论研究的显著特征。① 30 多年间的研究主题变更迅速，缺少相对稳定的研究议题，真正有学理深度的议题建构和问题开掘远远不够。参照国外的舆论研究，应用性和实践性的确是舆论研究与生俱来的特征，但西方学者对舆论的本质及其与政治、社会的关系所进行的深度讨论产生出不少高层次的理论成果。② 新传播生态和舆论形态下，加强舆论学的理论研究、强化学术的引领者地位是非常必要的。

当前我国舆论研究的视域相对比较单一，跨学科交叉渗透远未达到充分的程度。我国的舆论研究主要是依托于新闻传播学科展开的，跨学科视域对舆论进行综合性探索的分析较少。舆论研究解决的是舆论的形成、兴衰与作用等一系列单一学科无法解决的复杂社会现象，需要多学科理论和方法的滋养，需要不同学科背景的舆论研究者广泛地开展交流合作，从而做出全新的开拓。

特别需要指出的是，首先，当前舆论研究的发展最为"瓶颈"的问题是遭遇数据获得和技术范式的困境。大数据时代，舆论研究者积极尝试数据挖掘技术，开发出包含多种分析模块的舆

---

① 李彪，郑满宁. 社交媒体时代的网络舆情——生态变化及舆情研究现状、趋势 [J]. 新闻记者，2014（1）.
② 丁和根. 舆论学理论研究的深化与拓展 [J]. 新闻大学，2017（5）.

情分析系统。但是如何有效地接近和利用被大公司所垄断的大数据资源，目前仍然是一个难解的问题。因此，尽管大数据的价值被人们在理论上强调了近 10 年，但迄今为止真正基于大数据的舆情研究依旧凤毛麟角。其次，辨别虚假数据以及排除被污染的数据的困难也相当突出。最后，大数据不等于全数据，数据在描述和揭示现实舆情中所需维度的完整性方面依然有着严重缺失，如何打通不同类型数据之间的壁垒，仍有很长的路要走……此外，网络舆情调查通常仅是聚焦热点事件的短期舆论状况，大数据的加入仅是精准性的提升，其背后更为深层的社会心态演变仍然缺乏有效的理论范式而无法深刻地把握和预测。① 舆论研究在研究方法的改进与多元化的杂交等方面仍有极大的提升空间。

（二）创新方向：社会心理转向、政治学转向与复杂系统范式

新的技术环境和社会环境塑造了新的意见表达图景，但舆论研究的创新发展却亟待加强。中国舆情研究的供给侧改革需要共商共建，我们在此仅结合公众意见表达的新传播特征，尝试提出智能互联时代舆论研究实现突破创新值得关注的三个重点和方向。

---

① 张涛甫，徐亦舒. 重新出发：新传播生态下中国舆论研究的回顾与反思［J］. 编辑学刊，2017（2）.

1. 舆论研究的社会心理转向：情绪情感与社会心态成为新时期舆论生成机制中最重要的影响变量

舆论的内容可以从两个维度进行探讨：认知维度（Cognitive Dimension）与情感维度（Affective Dimension）。[①] 消费时代的娱乐化趋势下，互联网承载的网民情绪，远比知识和清晰的意见要多。情绪在互联网上成为研究真实舆论的重要依据，它甚至在一定程度上是互联网舆论的主要表现形态。[②] 情绪在当代中国舆论的生成传播中起着关键性作用，这是由舆论的自发性、网络传播下公共话语建构特点以及当代中国社会政治文化所决定的。在人的认知体系中，情绪情感属于非理性的成分，在探讨情绪情感因素对舆论的作用机制外，更需要了解个人发表意见时理性和情感是如何相伴发生、相互作用的。

社会心态是一段时间内弥散在整个社会或社会群体类别中的宏观社会心境状态，是整个社会的情绪基调、社会共识和社会价值取向的总和。在传播迅捷的网络环境中，情感与理性的共振推动着现实心态在网络中的充分表达与释放；网络舆论场中看似非理性的观念情绪表达、态度行为倾向背后隐藏的是深层长久的社会心态问题。

不论是个体情感分析，还是社会情绪把控，社会心理范式在

---

① Scheufele, D. A. Deliberation or dispute? An Exploratory Study Examining Dimensions of Public Opinion Expression [J]. International Journal of Public Opinion Research 1 (1999): 25-58.

② 陈力丹，林羽丰. 再论舆论的三种存在形态 [J]. 社会科学战线，2015 (11).

舆论研究问题拓展和理论建设上大有可为。

2. 舆论研究的政治学转向：多元民意主体如何有效地激活与协同成为国家治理视域下最重要的操作路线

舆论的古典传统关注宏大议题，如拉扎斯菲尔德（Lazarsfeld）所描述的古典舆论理论有三大维度：扎根于政治哲学、强调历史事件、也包括规范性论证。所以，未来舆论研究特别要将其置于国家、社会民主的宏观框架中给予探讨。①

舆论表达作为一种政治参与的方式改写着国家治理。传统的国家治理以政府自上而下地收集各种社会信息，然后向社会输出公共决策为主要程序。随着网络舆论力量的崛起和公民权利意识的觉醒，因利益受损或不满公共决策的群体通过制造焦点事件来进行申诉维权，互联网成为话语争夺的主战场。现代治理理念下，政府不应再将互联网舆论简单地看作压力来源或是风险因素，而要将网络民意作为一种力量强大的治理工具，吸纳多元主体的民意，鼓励协商对话，化解社会矛盾。

舆论民主功能实现的关键在于如何充分创造表达空间和条件，让理性的公共意见汇聚成社会共识。这就需要舆论研究者考察主流媒体能在多大程度上真实反映舆论，更重要的是探讨新媒体平台生成的舆论如何能够积极推动政府治理能力现代化，以及社会的数据化与公共决策的智能化背景下多元民意实现政治参与的路

---

① 张志安，晏齐宏. 新媒体与舆论研究：问题意识及提升路径［J］. 新闻大学，2017（5）.

径设计。

多元民意主体共同参与、协商一致的治理新理念下，舆论与国家治理、舆论与社会发展等宏大议题有了更具体的切入口，舆论研究可尝试在政治学理论与方法中挖宝。

3. 舆论研究的复杂系统范式：以多维视角基础上的理论创新范式来诠释舆论生成的复杂过程将成为学术逻辑的主线

理解舆论的一个关键是理解意见形成过程，作为过程的舆论主要考察舆论是如何形成的。以往研究强调对舆论的静态描述，未能综合分析不同舆论主体之间的复杂互动过程。舆论研究需要进一步加强对新传播生态下舆论生成内在机制的讨论。

网络舆论场具有"复杂性"，简单地说就是诸多事物和要素的彼此缠绕和互相影响，从而形成一个彼此关联、整体功能不等于个体功能简单叠加的社会有机现象。① 网络舆论系统是一个"牵一发而动全身"的整体构造，不能简单和机械地还原为每个个体和局部功能与价值的叠加；分析网络舆论场要超越还原论，借助持续的短期系统行为观测达到长期分析的效果，通过众多局部行为的整合实现对全局行为的预估，进行"整体逼近"。

借鉴复杂系统理论及其方法论，可以从关系、个体、结构、技术等多维视角，对网络舆论的种种突变现象予以诠释。以现实的视角审视虚拟空间，需要关联重要条件的变化和网络舆论不同

---

① 喻国明. 关于网络舆论场供给侧改革的几点思考——基于网络舆情生态的复杂性原理 [J]. 新闻与写作，2016（5）.

主体具体话语实践的"常与变"和"同与异"。①

　　复杂系统理论基础上构建的创新范式将引领舆论研究更接近社会互动和历史主体的细节，以舆论发生机制为窗口揭开人与社会的多元性、复杂性和矛盾性的认识、把握和预测的社会规律。

---

① 曲飞帆，杜骏飞. 复杂系统论：中国网络舆论研究的范式转向［J］. 南京社会科学，2017（11）.

第二章

新闻传播学视域下中国舆情研究的知识图谱：基于文献计量学的研究

　　自 1986 年我国大陆第一家专门从事舆论调查和研究的学术机构——中国人民大学舆论研究所——成立以来，我国的舆论研究走过了 30 多年的发展历程。30 多年间，伴随着中国社会经济高速发展以及步入社会转型期的过程，先后有网络论坛、微博、微信等各类新兴的传播渠道的诞生和普及，舆情研究的对象和环境都发生了重大变化，同时，出于社会管理或者商业需要的网络舆情监测机构的诞生，也促使舆论学成为一门"显学"，步入迅速发展的阶段。

　　为满足学科建设和发展的需要，本研究基于文献计量学中的共词分析方法，利用信息可视化软件（Citespace）提供的科学知识图谱的可视化技术，以 1986 年中国人民大学舆论研究所成立为起点，梳理新闻传播学领域内舆论研究的重要文献，以及期刊论文呈现出的热点议题变迁、核心作者及合作关系等，在此基础上解读我国舆论学研究的学科建设情况。

一、文献综述

文献计量作为情报学和文献学的一个重要学科分支，是一种从定量视角对既有文献进行梳理的科学。科学知识图谱是近年来文献计量学领域比较新兴的研究方法，不仅能揭示某一领域的知识来源、知识结构及演进规律，而且能够以可视化的方式表达和呈现。作为一种新兴的研究工具，它近年来也被引进到舆论学的研究中。比如刘毅[1]对 1994—2013 年间我国舆论学研究进行的文献计量学的分析；叶平浩、张李义[2]，孙宁、陈雅[3]和汤景泰[4]对我国网络舆情研究进行的梳理等。

除了文献计量方法之外，姚福生[5]对我国 2013 年以前的舆情研究进行了回顾；季丹、谢耘耕[6]对我国 2000 年后近 10 年的网络舆情论文进行了基于被引量的排序和梳理。但上述研究大部分

---

[1] 刘毅. 近 20 年我国舆论学研究进展的知识图谱分析——基于 CSSCI 数据库（1994—2013）[J]. 情报杂志，2015（5）.

[2] 叶平浩，张李义. 基于知识图谱的网络舆情研究现状分析 [J]. 情报杂志，2013（2）.

[3] 孙宁，陈雅. 基于信息计量学的我国网络舆情研究综述 [J]. 情报杂志，2014 [33（5）].

[4] 汤景泰. 我国网络舆论研究的知识图谱与研究主题——基于 CNKI（1998—2014）的数据分析 [J]. 现代传播：中国传媒大学学报，2015（9）.

[5] 姚福生. 舆情研究的历史回顾与评析——基于 2013 年底前中国知网论文的计量与内容分析 [J]. 学术论坛，2014 [37（4）].

[6] 季丹，谢耘耕. 我国网络舆情研究的历史回顾与反思——基于 CNKI CSSCI 高被引论文观察 [J]. 上海交通大学学报（哲学社会科学版），2012（4）.

是对舆论学研究或者网络舆情研究的整体分析，从中发现该领域具有高度的学科交叉性，涉及新闻传播、社会学、计算机科学、图书情报学、政治学甚至军事学、教育学等多学科背景。整体分析固然全面，但不同学科之间的评价标准不尽相同，覆盖的范围和研究者相对驳杂，因此，本研究主要从新闻传播学的视角进行考察，对舆论研究进行分析，并针对以上研究大多采用单一关键词（如舆论、舆情、网络舆情）进行论文筛选的不足，本研究采用了多个关键词组合进行了论文筛选，研究样本会更为全面。

二、研究方法

文献计量学中常用的研究方法包括共词分析和共引分析两种。其中，共词分析是通过对文献中集中出现的词汇进行统计，分析某一学科领域研究主题或研究方向的专业术语共同出现在一篇文献中的现象，从而判断学科领域中各个研究主题间的关系，纵向和横向展示出学科领域的研究热点和发展进程，展现该领域的研究历史和现状；而共引分析与其类似，只是关注的对象是文献之间的共同引用某篇文献的现象，而非专业术语的共现。相比之下，共词分析相对来说更适合用于分析我国的舆论学这种新兴学科，因为新兴学科的文献内容往往比较零散，文献引用情况也相对不稳定，因此，共引分析方法有时难以发挥作用①。但由于共引分析能够更具体地反映学科内部的知识结构，因此，本研究依然对我国舆论学研究的期刊论文进行共引分析。

　　本研究主要以新闻传播学领域具有一定影响力的舆情研究论文为研究对象，基于中国知网学术期刊数据库，选择 1986—2015 年间"新闻与传媒"学科中与舆情研究相关的期刊学术论文（不包括硕博论文）。由于本研究时间跨度较大，如果以单一的被引频次作为标准进行筛选则会导致较大误差，因此，选择每一年度所有符合标准的论文被引频次在前 5% 的作为研究样本，筛选出 2057 篇论文，又经过两位编码员在训练之后进行人工筛选，去除非新闻传播学领域以及不属于舆情研究的论文，编码员间信度为 0.92，最终筛选出的论文共 1365 篇，基于这些论文借助美国德雷克赛尔大学信息科学与技术学院的陈超美博士开发的信息可视化软件进行共词分析和可视化呈现，梳理这 30 年间在新闻传播学领域内舆论研究的学科热点。

　　由于国内论文引文的信息只有通过中文社会科学引文索引（CSSCI）数据库批量下载，因此选取 CSSCI 数据库中标题含有"舆论""舆情"或"民意"的论文。通过参考 CSSCI 本身的学科划分方式，并以期刊所属学科和作者所属的学院为辅助标准，人工筛选出新闻传播学领域的舆论研究期刊论文，共计 1373 篇，基

---

① 伍若梅，孔悦凡. 共词分析与共引分析方法的比较研究［J］. 情报资料工作，2010（1）.

于这些论文同样借助信息可视化软件进行共引分析和可视化呈现，探测这一研究领域的知识基础和知识结构。

三、舆论研究热点议题：基于论文的共词分析

（一）横向分析：舆论研究热点分布

利用信息可视化软件以历年论文关键词词频的前 10% 且各年不超过 30 个为标准，生成了 30 年间舆论研究高频关键词图谱，从而得到 30 年间我国舆论研究的高频和高中心度关键词。图中的

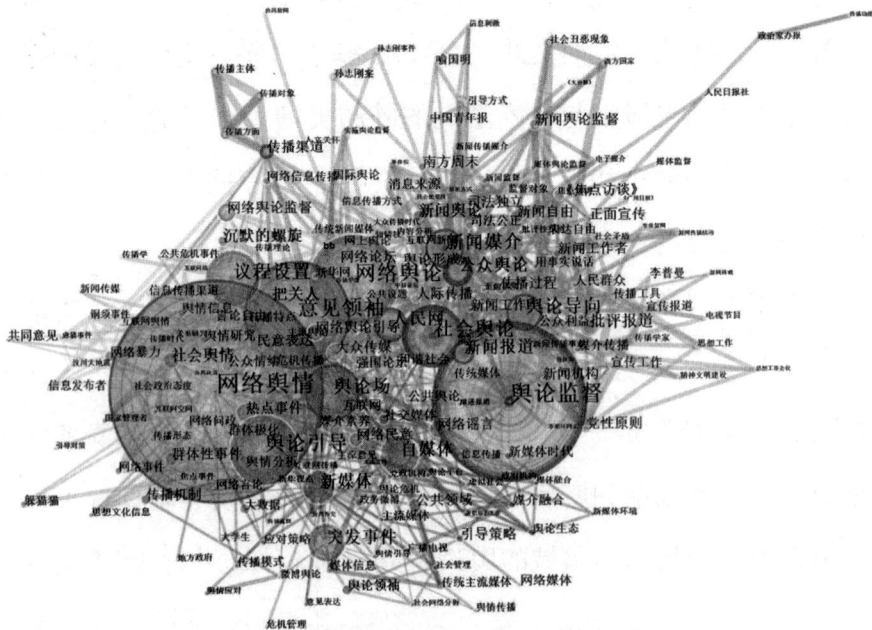

图 2-1 基于共词分析的舆论研究知识图谱

字体大小代表关键词的词频高低，节点之间的连线表示关键词之间的共现关系。

表 2-1　高频和高中心度关键词

频次排名	关键词	初现年份	频次	中心度排名	关键词	初现年份	中心度
1	网络舆情	2007	198	1	舆论监督	1988	0.33
2	舆论监督	1988	156	2	社会舆论	1989	0.21
3	意见领袖	2004	111	2	公众舆论	1995	0.21
4	网络舆论	2006	92	4	意见领袖	2004	0.17
5	舆论引导	2007	80	5	舆论导向	1995	0.14
6	社会舆论	1989	75	5	人民网	2001	0.14
7	议程设置	2002	62	7	网络舆情	2007	0.13
9	舆论场	2009	54	7	新闻报道	1989	0.13
8	舆论导向	1995	50	9	舆论场	2009	0.1
10	新闻媒介	1995	47	9	新闻媒介	1995	0.1
11	人民网	2001	43	9	传播渠道	2003	0.1
12	自媒体	2011	42	12	新媒体	2009	0.09
14	新媒体	2009	40	13	舆论引导	2007	0.07
13	突发事件	2010	40	13	议程设置	2002	0.07

续表

频次排名	关键词	初现年份	频次	中心度排名	关键词	初现年份	中心度
15	公众舆论	1995	36	15	热点事件	2010	0.06
16	新闻报道	1989	35	15	传播过程	1992	0.06
17	批评报道	1995	31	15	《焦点访谈》	1999	0.06
18	社会舆情	2007	29	18	网络舆论	2006	0.05
18	沉默的螺旋	2004	29	18	人民日报社	1999	0.05
20	把关人	2004	28				

　　表2-1列出了1986—2015年间舆论研究的高频和高中心度关键词。高频关键词主要代表了某个研究主题的热度，从表中可以看出，大部分的高频关键词都出现在2000年之后，特别是"自媒体""突发事件"等更是在2010年后。中心度是对某一节点何种程度上在整体网络中起到连接作用的衡量，高中心度的节点往往是网络中的关键节点，起到连接不同研究主题的作用。除了"社会舆论""公众舆论"等舆论作为研究对象本身的关键词之外，"舆论监督""舆论导向"等词也具有较高的中心度，说明这些词处于连接整体知识图谱的中心地位。另外，人民网、人民日报社、《焦点访谈》等媒体产品的关键词并不是都有很高的词频，但是它们作为具体的研究对象贯穿了整个30年间的研究，从早期的以《焦点访谈》为对象的对舆论监督的讨论，到以强国论坛BBS为典型的对网络公共空间的分析，再到后期以人民日报微博为例的

对传统媒体在新媒体时代的舆情环境下的作用总结，这些媒体串联起了不同研究主题、不同研究方法的文献，也因此居于舆论学知识图谱的网络中心位置。

通过信息可视化软件的聚类功能，对每年前5%的高频关键词进行聚类，并经过人工整理，形成图2-2。通过进一步整理细分其中的节点，并结合信息可视化软件提供的TFIDF算法以及对数似然比算法提取的关键词，可以按照聚类出现的时间先后顺序将研究分为以下四类。

图2-2 舆论研究高频关键词聚类图谱

1. 传统媒体的批评报道与舆论监督

这类研究主要是图 2-2 中#1 和#3 两类，由于中国知网（CNKI）中文关键词的多元性（比如"批评性报道"和"批评报道"被信息可视化软件认为是两个不同的词），所以形成了两个聚类，但实际内容非常相近，因此，可以归为一类。这批研究的出现时间最早，其中#1 类中的论文平均发表年份为 2000 年，#3 类中的论文平均发表年份为 1997 年。这部分研究主要是从新闻实务的立场出发，关注媒体在舆论中的作用，对传统新闻媒体（报纸和广播电视）的批评报道和舆论监督以及舆论引导进行讨论。代表性的关键词有"舆论监督""知情权""新闻自由""批评报道/调查性报道""专业主义""第四权力""报纸记者/新闻工作者""耳目喉舌""党性原则""《焦点访谈》"等。

2. 网络媒体与网络舆论

这类研究是图中的#4 类，出现时间仅仅晚于#1 类研究，论文的平均发表年份为 2004 年，论文内容主要关注网络环境下舆情的形成、变化和应对，整体来说，这类研究和图中的#0 类"突发事件"聚类相比，研究视角相对宏观一些，门户网站和网络论坛是相对具体的研究对象。关键词包括"舆论导向""网站新闻""门户网站""企业化运作""媒介经营"等。

3. 公共领域与舆论场

这类研究属于图中的#2 类，关注网络作为公共意见表达的通道和平台，对公民的政治参与起推动作用。这类研究与前面的#1

和#3 两类相比，带有公共管理和社会学的取向，研究的时间段也较晚，论文的平均发表年份为 2008 年，代表性的关键词有"舆论场""意见领袖""网络问政""公共话题""议程设置""网络动员"等。

4. 突发事件与网络舆情

这类研究主要是热点事件和突发事件中的网络舆情的生成和演化，以及在这一过程中的舆论引导，集中于图 2-2 中的#0 类。这类研究在四类中虽然出现时间最晚，其论文平均发表年份为 2011 年，但研究热度提升迅速，并成为规模较大的一个研究主题，主要关键词有"意见领袖""公众情绪""热点事件""群体性事件""突发事件""演化""控制"等。

（二）纵向梳理：舆论研究的发展阶段和热点议题变迁

图 2-3 显示了每年发表的有一定影响力的舆论研究论文的数量，由于本研究进行筛选的方式是每年相关论文发表总量的 5%，因此，最后的样本每年的论文数量在一定程度上可代表当年舆论研究发表的论文总数量。从整体上看，舆论研究相关的论文随时间的推移而增长，1994 年开始平均每年都有 10~40 篇左右的论文发表，表明舆论学相关的研究开始受到国内学界的关注；2007 年是一个迅速增长的起点，舆论研究进入爆发阶段，一直保持着较高的热度。值得说明的是，虽然在图中 2014—2015 年论文数量有所下降，但不能说明整体研究热度的减退。实际上，在论文初步

筛选的过程中，基本上每年入选的论文都呈逐年递增的趋势，但经过人工筛选，一些不属于新闻传播学领域或者不属于舆情研究的论文会被剔除，2014 年和 2015 年剔除论文数量较多，这恰好能在一定程度上说明"舆情"已经成为越来越多学科汇集的研究领域，以及新闻传播学科中其他类别的研究也越来越关注舆情的作用。

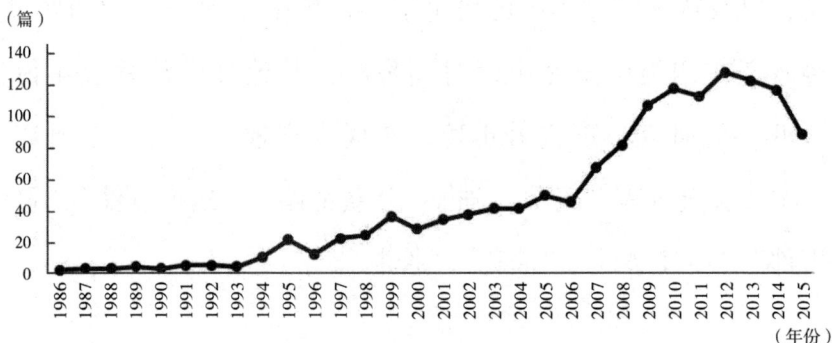

图 2-3　每年舆论研究高影响力论文发表数量

　　利用信息可视化软件选取历年论文关键词词频的前 5%，经过整理绘制形成舆论学 30 年的研究热点时区图谱，如图 2-4 所示。

　　从图 2-4 中可以看出，早期的研究热点集中在新闻媒体的舆论监督和舆论引导功能上，从 1990 年以前对媒体的舆论监督和党性原则的讨论，到 90 年代中期的舆论导向和宣传工作等关键词，以及 90 年代后期的批评报道、《焦点访谈》等。这一时期"舆论"的主体主要是新闻媒体，一方面，是媒体对公权力实施的舆

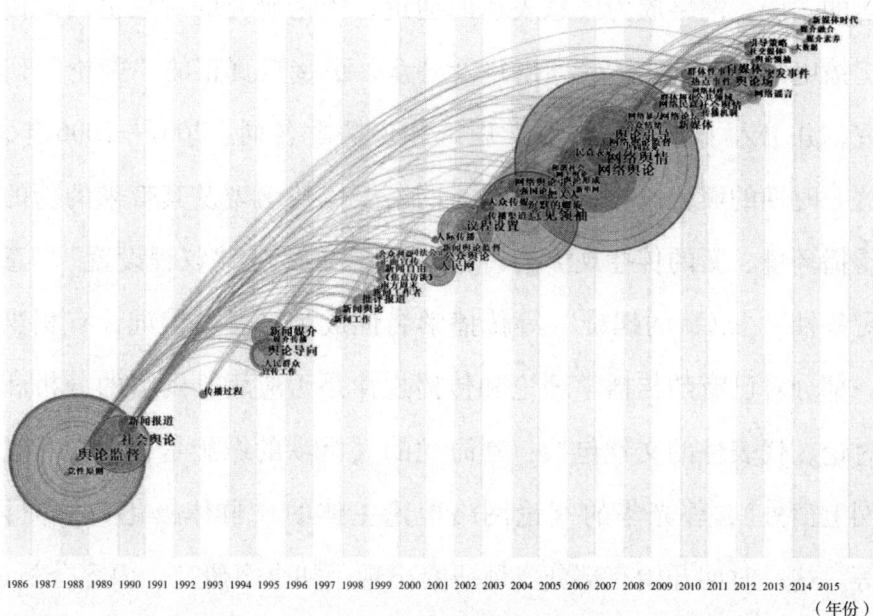

1986 1987 1988 1989 1990 1991 1992 1993 1994 1995 1996 1997 1998 1999 2000 2001 2002 2003 2004 2005 2006 2007 2008 2009 2010 2011 2012 2013 2014 2015

（年份）

图2-4 舆论研究热点时区图谱

论监督，研究对象包括"批评报道""《南方周末》""《焦点访谈》"等，代表性的论文包括郭镇之的《舆论监督与西方新闻工作者的专业主义》，以及童兵的《新闻批评和政治民主——对"党报不得批评同级党委"规定的历史考察》；另一方面，这一时期的舆论研究主题也包括媒体对普通民众的舆论引导，代表性的论文包括孙家正的《关于正确引导舆论的几个问题》以及陈力丹的《媒介对舆论的社会控制机制——沉默的螺旋》。从整体上来说，这一阶段的研究方法大部分是思辨的、非实证的，研究主题带有新闻实务的学科背景和浓厚的政治导向色彩。

从2001年开始，随着人民网、新华网等网络媒体以及网络论坛的发展，网络成为民意表达的通道，舆论研究的对象也因此由广播电视等传统媒体转向网络及公众，更接近真正的"舆论"研究，并引入了大量的传播学理论和传播学名词。2001—2006 年，这一时期的舆论研究，主要是对网络媒体的出现及其带来的新的传播环境、新的传播规律的讨论、厘清和界定，"议程设置""意见领袖""沉默的螺旋"等传播学名词成为高频关键词，有相当一部分对已有的传播学理论和传播规律是否应用于网络的分析和讨论，代表性的文献包括：刘海龙的《沉默的螺旋是否会在互联网上消失》，郭光华的《论网络舆论主体的"群体极化"倾向》等。这一时期开始有部分实证研究出现，如个案研究、内容分析、民意调查等。

2007—2010 年，舆论研究的重点依然是网络，"网络舆情""网络舆论"两个在整体网络中最高频的舆情本体词就是在这一阶段出现的，这一阶段也是舆论研究的爆发阶段，在高影响力排名前 30 的论文中，发表于 2010 年的论文最多。如果说上一阶段更多是对舆论在网络环境下传播的总体规律的讨论，那么这一阶段的研究对象更加聚焦，邓玉娇案、"躲猫猫"案、汶川大地震、央视新台址大火等热点事件、群体性事件和突发公共危机中的网络舆论成为关注的焦点，研究分析这些事件中的舆论形成、媒体作用以及官方引导等，同时也开始讨论网络作为公共空间在社会层面上的作用，将研究视野从传播学扩展到社会学和政治学领域：一方面，网络成为公共意见汇聚的良好平台；另一方面，网络暴力、群体极化、民粹主义、谣言等也开始成为讨论的焦点之一，如罗昕的《网络舆论暴力的形成机制探究》、郭光华的《论网络舆论主体的"群体极化"倾向》。另外，这一阶段也开始出现了专门针对舆情调查和分析方法的研究，包括刘鹏飞的《网络舆情抽样与分析方法》、金兼斌的《网络舆论调查的方法和策略》等。

2011 年后，微博和微信等社交媒体的出现给舆情研究带来了新的研究对象，随着舆论的主要发酵地转向社交媒体和自媒体，舆情研究的研究对象也随之转移。2011—2013 年，一方面，谣言、民粹主义等网络舆论的消极面依然是舆情研究的一个重心，3 年内共有 16 篇与此相关的论文发表；另一方面，舆论引导策略研究依然是研究的热点，但以政务微博和舆论领袖为主要研究对象。2014—2015 年，舆论研究的媒介形态开始从早期的报纸、广播、电视等传统媒体，以及后来的网络和社交媒体，转向"新媒体时代"的媒介融合。另外，这一时期使用的研究方法愈加完善，大数据方法和社会网络分析等也被应用到舆论学研究中，并出现了很多高影响力论文，如喻国明等的《传播学研究：大数据时代的新范式》。

结合表 2-1 中的高频关键词以及信息可视化软件的突现度（Burst）① 来分析更微观的研究关键词，可以按照关键词出现的时间先后顺序分为三类。

---

① 突现度衡量的是某个关键词在某一时间段内频次突然提高的程度，可以帮助判定研究领域中的新兴态势和突然变化。

第一类研究主题出现时间较早（2000 年前），包括舆论本体词"社会舆论""公众舆论"，研究主题"舆论监督"和"舆论导向"，以及带有新闻实务背景的"新闻媒介""新闻报道"和"批评报道"。在这类关键词中，除了舆论本体词"社会舆论"和"公众舆论"一直保持了相对稳定的研究热度之外，其他的高频词的研究热点基本在达到一个高峰之后有所减退，特别是在近几年或基本销声匿迹（如"新闻媒介""批评报道"），或出现大幅度的热度减退。以"舆论监督"为例，这一关键词在 1999—2003 年保持了较高的讨论热度，但从 2004 年渐渐不再成为研究的核心问题，每年只有不到 10 篇论文与此相关。

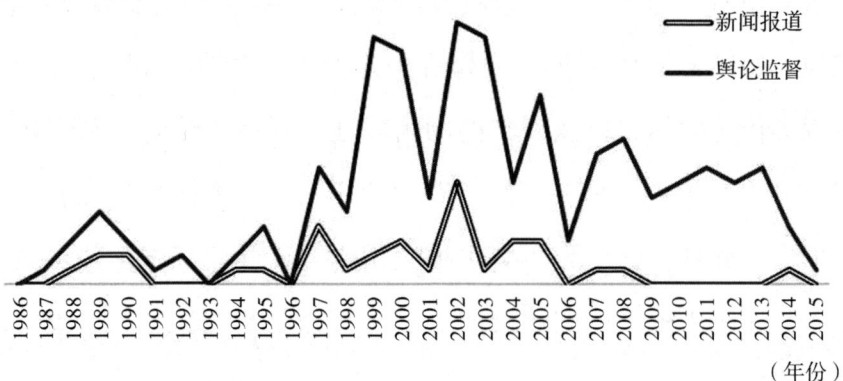

图 2-5　早期出现的关键词"新闻报道"和"舆论监督"研究热度变迁

第二类研究主题词出现时间在 2001—2008 年，代表词包括随着网络兴起出现的研究对象如"网络舆情""网络舆论""人民网"，以及一系列传播学概念如"意见领袖""议程设置""沉默的螺旋""把关人"。在这些关键词中，"网络舆情"和"网络舆论"作为舆论本体词，基本在出现之后保持了相对稳定的研究热度；而"意见领袖""议程设置""沉默的螺旋"等传播学概念，大多在2009—2011年达到研究热度的高峰期，此后虽然没有完全在舆情研究领域消失，但是热度开始下降；而这一阶段出现的"网络论坛""人民网"等具体的研究对象，也出现了和传播学概念类似的热度模式，即达到研究高峰之后热度开始消退，除了人民网之外，这一阶段其他的焦点研究对象如"强国论坛""网络论坛"等已经寥寥无几。值得注意的是，这一阶段中的"舆论引导"研究一直保持了一定的研究热度，而且还有上升趋势，说明这一类的研究一直比较好地满足了现实的需要，比如各类突发事件、公共危机中的政府"引导能力"和"引导对策"的研究，以及近几年对于媒介融合环境下传统的"主流媒体"如何引导舆论的研究等。

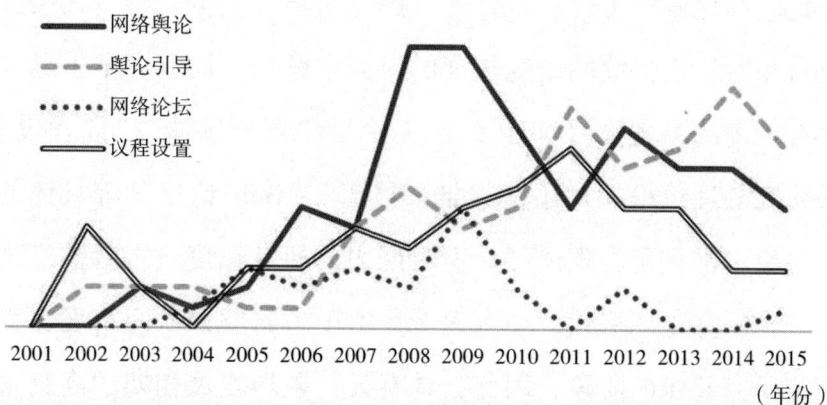

图2-6　关键词"网络舆论""舆论引导""网络论坛""议程设置"研究热度变迁

第三类研究主题词是近年才出现的关键词，比如"舆论场""自媒体""新媒体""突发事件"等。这类关键词出现时间较晚，而且大多具有较高的突现度，基本维持了一定的研究热度。

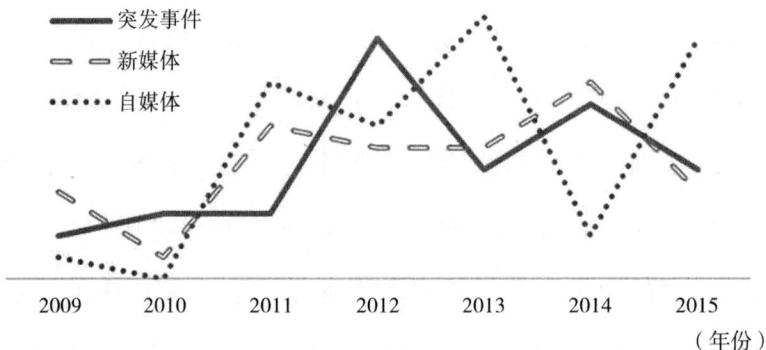

图 2-7 关键词"突发事件""新媒体""自媒体"研究热度变迁

从以上关键词的突现度和热度持续性的分析中可以看出，除了舆情本体词（如"社会舆论""公众舆论""网络舆论"），以及比较好地满足了现实需要的"舆论引导"研究之外，几乎没有具有相对稳定持续的研究热度的研究主题词，而且大多主题词都具有较高的突现度（大于 5）。无论是"意见领袖""议程设置"等研究的理论框架，还是"批评报道""网络论坛"等具体的研究对象，都只是表现出了一定时期内的研究热度，之后被涌现出的其他研究主题取代。一方面，是由于本研究的时间跨度覆盖了舆论研究起步的阶段，因此，具有某一领域发展初期的高突现度关键词的特点，而后期涌现的研究主题如新媒体、突发事件、大数据等的研究热度能否持续还有待时间检验；另一方面，也能说明，这30年的国内舆论研究主题处于相对剧烈变化的状态，和社会现实的互动紧密，现实变化会给舆论研究带来新名词和新热点。

四、舆论研究者、研究机构及其合作网络

（一）核心研究者和研究者分布

在1986—2015年发表的舆论研究的1365篇高被引论文、1486位作者中，发表论文量排名前10位的作者中，每人发表论文在8篇及以上的，共占所有作者总发文频次的8.0%；每人发表论文在5篇及以上的共有18位，占所有作者总发文频次的10.2%。这些研究者可以看作舆论学研究的核心研究者。

表2-2 舆论研究核心研究者

排名	学者	论文数量	初现年份	排名	学者	论文数量	初现年份
1	陈力丹	32	1986	10	靖鸣	8	2006
2	喻国明	20	1989	11	刘鹏飞	7	2009
2	丁柏铨	20	1997	12	陈龙	5	2004
4	童兵	17	1987	12	刘建明	5	1989
5	姜胜洪	14	2006	12	张涛甫	5	2006
6	郑保卫	13	1989	12	祝华新	5	2008

续表

排名	学者	论文数量	初现年份	排名	学者	论文数量	初现年份
7	李彪	11	2009	12	王来华	5	2008
8	孙旭培	9	1989	12	曹劲松	5	2009
8	谢耘耕	9	2011	12	匡文波	5	2001

在这些研究者中，陈力丹是发表论文数量最多的学者，也几乎是唯一一位在 30 年间基本保持活跃的学者，其论文发表的高峰在 1997—1998 年，共发表了 13 篇高影响力的舆论学论文；其次是喻国明，其舆论学论文发表的高峰在 2009—2013 年，共发表了 9 篇论文，其中也包括本研究样本中最有影响力的论文《传播学研究：大数据时代的新范式》；同样并列第二的是丁柏铨，他加入舆情研究的时间稍晚，主要活跃在 1997—2013 年，在 2012—2013 年发表了多篇关于公共危机事件的高影响力论文。值得注意的是，在舆情研究的核心研究者中，也有很多近几年才出现在舆情研究领域的身影，包括谢耘耕、李彪、刘鹏飞、曹劲松等。

根据文献计量学中用于衡量科学工作者的生产力的洛特卡定律，即在某一个学科领域中，写 N 篇论文的作者数量约为写 1 篇论文作者数量的 1/ N2，而写 1 篇论文作者的数量约占所有作者数量的 60%①。参考该定律，在本文的舆情研究者中，发表了 1 篇论文的作者比例为 86.1%，远高于定律中的 60%；而发表了 2

——————

① 庞景安. 科学计量研究方法论［M］. 北京：科学技术文献出版社，1999.

篇或3篇论文的作者数量也远低于洛特卡定律估计的372人和165人。这说明，舆论学的核心研究者的群体规模较小，有85%以上的研究者在30年间仅发表了1篇具有一定影响力的论文。

参考刘毅①所做的国外舆论学研究统计，1994—2013年间的国外舆论学研究者中，发表1篇论文的研究者占比为88.3%，而发表2篇或3篇论文的作者比重分别为8.1%和2.5%，基本上和国内研究者的分布比较类似。这从某种程度上说明，无论是在国外还是国内的舆论学研究领域中，都还没有形成稳定的、高质量的研究者群体。但略有不同的是，国外的高产研究者之间的发文量差距较小，而且前4%的作者的总发文量占全部研究样本的3.1%；而国内的核心研究者之间的发文量有一定差距，且前4%的作者的发文比重为8.5%，说明在权威研究者的发展程度上，国内的水平较高。

表2-3 舆论研究者分布

发文篇数	作者人数	百分比
32	1	0.1%
20	2	0.1%
17	1	0.1%
14	1	0.1%
13	1	0.1%

---

① 刘毅. 国外舆论学研究的"知识图景"：热点，网络与结构——基于 SSCI 数据库（1994—2013）的知识图谱分析 [J]. 新闻与传播研究，2015（5）.

发文篇数	作者人数	百分比
11	1	0.1%
9	2	0.1%
8	1	0.1%
7	1	0.1%
5	8	0.5%
4	9	0.6%
3	32	2.2%
2	147	9.9%
1	1279	86.1%

1. 研究者合作网络

关于发表论文的合作情况，所有的论文中有 29.7% 的为合著论文，且合著率整体呈上升趋势，其中 1986—1999 年间的合著率只有 7.1%，在 1986—1996 年甚至没有合作论文出现；2000—2009 年的合著率为 26.3%，这一阶段的合作程度虽然有上升，但是合作过一篇文章以上的研究者仅有三组，分别是"钟瑛—刘海贵""郑保卫—邹晶"和"喻国明—靳——张洪忠—张燕"；2010—2015 年的合著率为 37.4%，而且也出现了更多的多次合作的研究小群体。这说明随着学科发展和成熟，舆论学领域的合作程度也提升了。

通过社会网络分析发现，1986—2015 年我国新闻传播学领域的舆情研究者的合作网络密度低（Density＝0.0007），网络节点间的关系非常稀疏，整体网络结构极为松散。虽然形成了一定数量的合作团队，但稳定的合作群体还不多。本次研究的整体合著比例（不到30%）和姚福生对2013年以前核心期刊上的舆论学论文的合著率（43.9%）分析有一定出入。而导致这一差异的，除了抽样方式和时间范围的不同之外，最主要的原因可能是本研究只选取了新闻传播学领域的舆情研究。这说明，在舆情研究方面，新闻传播学领域的合作程度较低。

按照子网络规模的大小分析，在研究者的合作网络中，由2个或3个节点组成的子网数量最多，即研究者之间基本以2~3人的小范围合作为主，并未形成广泛的合作网络。包含节点数最多即合作范围最大的一个子网共含有37位研究者，网络的中心是喻国明，他的20篇论文中有12篇为合著；这一网络中还包括了前10位核心研究者中的郑保卫、李彪、孙旭培等。但值得注意的是，这一网络中的大部分研究者之间的"合作"关系基于1989年发表的《关于舆论监督问题的讨论》一文，而这篇文章实际上是这些研究者研讨会的发言记录，并非基于论文的学术合作，其余的合作关系主要是基于师生关系。

同样的人数较多的合作网络还有以谢耘耕为核心的子网，共包含32位研究者。这一合作子群主要是依托上海交通大学舆情研究实验室形成的，以谢耘耕为核心，他也是舆论学研究的核心研究者之一，共发表了9篇论文，每篇均为合著论文。这一子网其

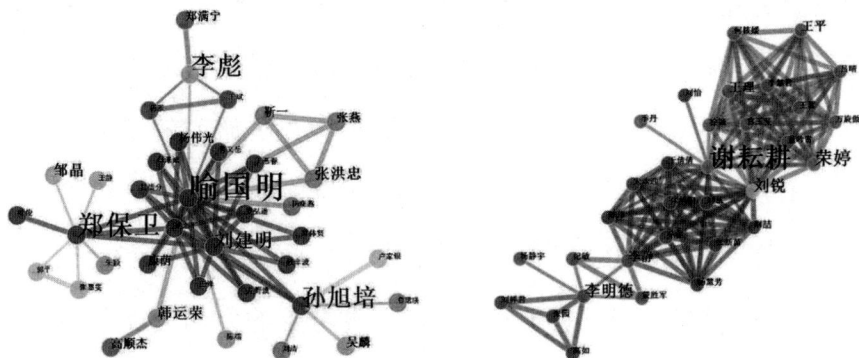

图 2-8　舆论研究合作网络子网代表

他发表数量较多的研究者还包括荣婷、刘锐等。

2. 研究机构

对于研究机构的论文发表情况，1986—2015 年，在 CNKI 标注了作者单位的 1246 篇论文中，中国人民大学新闻学院是发表论文数量最多的机构（包括新闻与社会发展研究中心、舆论研究所等），其次是中国传媒大学（包括各学院以及研究院）和复旦大学新闻学院。前 10 个机构的发文量占所有研究样本的 26.9%，这和国外的前 9 个机构占发文量比重的 21.9% 的情况比较接近。

表 2-4　舆论研究的主要机构

排名	机构	发表论文数量 （以论文第一作者计）
1	中国人民大学新闻学院	72
2	中国传媒大学	43

续表

排名	机构	发表论文数量 （以论文第一作者计）
3	复旦大学新闻学院	42
4	南京大学新闻传播学院	36
5	武汉大学新闻与传播学院	32
6	天津社会科学院舆情研究所	28
7	华中科技大学新闻与信息传播学院	26
8	清华大学新闻与传播学院	24
9	暨南大学新闻与传播学院	23
10	中国社会科学院新闻与传播研究所	21

对于机构间的合作，大部分国内的学术机构之间是相对独立的。两个较大的合作群体如图 2-9 所示，但其中大部分的合作均

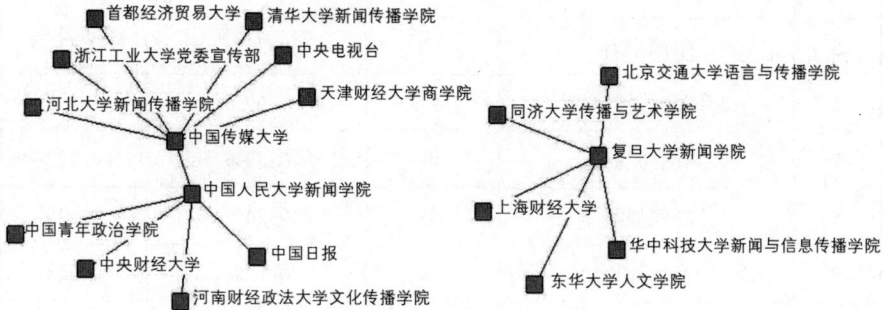

图 2-9　舆论研究的机构间合作（部分）

为一次性的，合作关系较弱。和国外的机构间合作密度相比，我国在舆论学研究领域的机构间合作比较匮乏，这不利于学术交流和学术共同体的形成。

五、舆论研究的无形场域：论文发表期刊统计

中国大陆舆论研究的论文主要发表在新闻传播学期刊以及各高校学报和社科综合类期刊中。根据本研究的 1365 篇舆论研究领域高被引论文的来源期刊频次排序，前 10 位期刊如表 2-5 所示。

表 2-5 舆论研究论文发表期刊

排名	期刊	论文数	占该期刊刊登论文总数比	影响因子（2016 年）
1	现代传播	61	0.74%	1.072
2	当代传播	56	0.73%	0.846
3	新闻记者	53	0.46%	1.683
4	新闻界	42	0.45%	0.583
5	中国记者	42	0.22%	0.331
6	新闻与传播研究	40	1.69%	1.286
7	新闻与写作	40	0.32%	0.729
8	新闻战线	40	0.24%	0.225
9	新闻知识	38	0.27%	0.328
10	国际新闻界	37	0.68%	1.419

可以看出，发表于《现代传播》《当代传播》和《新闻记者》

上的论文数量最多，另外发表舆论研究论文较多的非新闻传播学类期刊还有《西南民族大学学报（人文社科版）》（15篇），《人民论坛》（11篇），《学术论坛》（9篇）。

由于各期刊刊登论文的总数量有差异，因此，需要结合各期刊30年间发表的全部论文数量比较，本研究样本占刊登论文总数的比例最高的是《新闻与传播研究》（1.69%），其次是《现代传播》（0.74%）、《当代传播》（0.73%），《国际新闻界》（0.68%）和《新闻记者》（0.46%）也是刊登比例较高的期刊。结合2016年的中国知网期刊复合影响因子看，新闻传播学领域影响因子最高的3本期刊（《新闻记者》《国际新闻界》《新闻与传播研究》）均在发表舆论研究比例较高的前5本期刊中，说明新闻传播学领域质量最高的期刊都相对关注舆论研究。

六、舆论研究共引分析和高影响力文献

利用信息可视化软件生成了基于共引分析的1998—2015年间我国舆论研究的知识图谱，并得到高被引文献的列表。如图2-10中的字体大小代表文献被引频次的高低，节点之间的连线表示关键词之间的共被引关系。图2-11是利用信息可视化软件以历年被引作者的前30%且各年不超过100个为标准绘制的作者被引关系图谱，图中的节点大小代表作者被引的频次高低，连线表示作者之间的共被引关系。

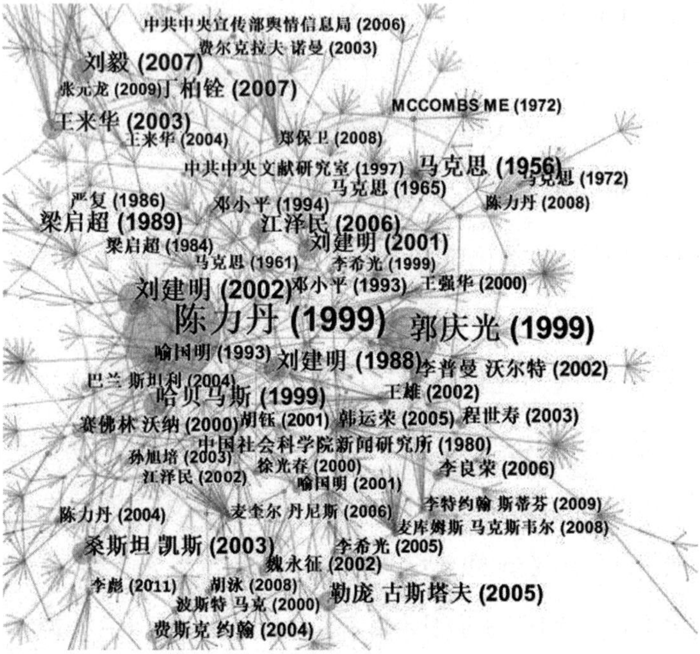

图 2-10　中国舆论研究的共引知识图谱（部分）

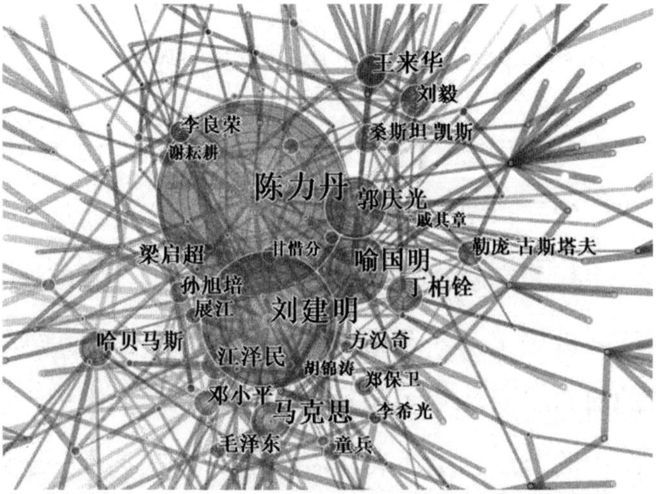

图 2-11　舆论研究 CSSCI 论文作者共被引关系图谱

　　图 2-10 呈现了被 CSSCI 高频引用的文献及其相互关系。大部分高被引文献的发表时间都较早，在被引频次大于 5 的 40 篇文献中，几乎所有的文献都发表于 2010 年之前，其中最早的发表自1956 年的《马克思恩格斯全集》系列，最晚的一部是喻国明主编的《中国社会舆情年度报告（2012）》，这也是唯一一部发表于2010 年后的文献。被 CSSCI 高频引用的文献以专著和教材为主，只有 2 篇期刊论文，分别为陈力丹发表于 2004 年的《我国舆论监督的理论与建构》，以及丁柏铨发表于 2007 年的《略论舆情——兼及它与舆论，新闻的关系》，这与国外的舆论研究的引用情况相比，期刊论文被引用的比例较低。

　　从文献作者的角度看，40 篇文献中有 11 篇来自外国的研究者，在这些外国研究者中，包括卢梭、马克思等早期的哲学家和思想家，也包括勒庞和李普曼这样的为西方舆论学贡献出经典作品的研究者，而来自新闻传播学领域的研究者主要是沃纳·赛佛林（Werner J. Severin）、约翰·费斯克（John Fiske）和斯坦利·巴兰（Stanley J. Baran），而这三位研究者的高被引文献均为带有教材性质的介绍性作品，分别是《传播理论：起源、方法与应用》《关键概念：传播与文化研究辞典》以及《大众传播理论：基础、争鸣与未来》，而这三部著作也是来自外国研究者的文献中出版时间较晚的三部。这在一定程度上说明，中国的舆论学研究在对国外研究成果的引进、介绍和普及上，还基本停留在早期的社科经典和新闻传播学领域通用教科书性质的介绍型著作层面上，对于舆论研究领域具体研究成果的引用不足。与刘毅对国外研究被引文献的梳理结果相比，在 1994—2013 年 SSCI 舆论研究引用最高的 14 篇文献中，只有李普曼的《公众舆论》排在国内的前 40 部被引文献中。值得一提的是，国内被引文献中英文文献排名最靠前的是马克斯韦尔·麦库姆斯（Maxwell E. McCombs）发表于 1972 年的议程设置的经典之作《大众媒介的议程设置功能》（*The Agenda-Setting Function of Mass Media*）。

在国内研究者的文献中，除了严复、梁启超这类近代思想家的经典作品以及《江泽民文选》和《邓小平文选》之外，文献来源几乎都是国内出身新闻传播学领域的研究者，从图 2-11 中也可以看出，高被引作者中的大部分也是来自本土的新闻传播学出身的研究者，且他们之间共引关系的紧密程度在一定程度上与所属机构和地域有关，比如天津社会科学院舆情研究所的王来华和刘毅，以及上海地区的李良荣和谢耘耕。虽然以新闻传播领域研究者为主的情况与本研究在选择文献时排除了其他领域的舆情研究有关，但也能从一定程度上表明，国内的新闻传播学领域的舆情研究反映出来的知识结构主要以本领域的知识基础为主，相对封闭，对其他领域比如计算机科学、图书馆情报学、社会学等的新的研究成果的借鉴比较少。

表 2-6 列出了 16 篇被引频次大于 10 的经典文献。其中郭庆光的《传播学教程》排名靠前，该书虽然不是舆论学领域的专著，但由于是国内非常经典的传播学教材，也是大部分学校指定

的考研书目，因此，在厘清概念、介绍理论上具有得天独厚的优势。从整体来说，这些被 CSSCI 高频引用的经典文献以介绍型、综合式的教材体例的著作和辞典居多，教材类的著作虽然观点往往比较成熟权威，但在深度和时效上可能比期刊论文稍逊一筹，并不能很好地反映学科前沿。这种以介绍性著作和教材为主的引用情况说明国内的舆论研究者在知识来源的深度上还有待提高，对学科发展动态的跟踪也不够及时。这种滞后性也表现在，尽管从 2001 年开始，网络舆论已经成为舆论研究中的一个热点，而且随着时间的推移其重要性越来越突出，但前 16 篇经典文献中只有 2 篇是专门论述网络环境下的舆情的，其中包括一部外国著作以及刘毅的《网络舆情研究概论》，后者出版于 2007 年，作为国内首部全面研究网络舆情的专著①，系统阐释了网络舆情的概念和要素，为今后的网络舆情研究奠定了基础。

除此之外，CSSCI 论文引用的经典文献也包括哈贝马斯的《公共领域的结构转型》，其观点之一，即将舆论发生的场域作为社会生活的公共平台来理解，被国内的舆情研究者在网络舆论的引导和治理，以及舆论与法律等其他社会元素的互动关系中论及和参考。而桑斯坦·凯斯的《网络共和国》着重从法学与政治学的角度分析网络社会中的特点和问题。而高被引作者中除了新闻传播学领域的研究者外，另外一个非常鲜明的特色是有大量的反映主流意识形态的作者，在作者被引图谱的下方包括党和国家领

① 周礼春. 近年来我国舆情研究综述 [J]. 黑龙江教育学院学报，2011（5）.

导人以及中国共产党的指导思想来源之一的马克思。从这个角度来说，国内的舆论学研究的知识基础也有比较浓厚的政治色彩，这点虽然与西方舆情研究的政治学背景有所区别，但也能表现出相似的应用和实践导向。

表 2-6　舆论研究 CSSCI 论文高被引文献

被引频次	文献作者	文献名称	出版社	出版年份
56	陈力丹	舆论学——舆论导向研究	北京：中国广播电视出版社	1999
34	郭庆光	传播学教程	北京：中国人民大学出版社	1999
18	刘建明	社会舆论原理	北京：华夏出版社	2002
15	哈贝马斯	公共领域的结构转型	上海：学林出版社	1999
15	马克思	马克思恩格斯全集（第一卷）	北京：人民出版社	1956
15	梁启超	饮冰室合集	北京：中华书局	1989
14	刘建明	基础舆论学	北京：中国人民大学出版社	1988
14	刘毅	网络舆情研究概论	天津：天津人民出版社	2007
13	刘建明	舆论传播	北京：清华大学出版社	2001
13	江泽民	江泽民文选	北京：人民出版社	2006

续表

被引频次	文献作者	文献名称	出版社	出版年份
13	刘建明	舆论学概论	北京：中国传媒大学出版社	2009
12	桑斯坦·凯斯	网络共和国：网络社会中的民主问题	上海：上海人民出版社	2003
12	王来华	舆情研究概略：理论、方法和现实热点	天津：天津社会科学院出版社	2003
11	丁柏铨	略论舆情——兼及它与舆论，新闻的关系	新闻记者	2007
11	甘惜分	新闻学大辞典	郑州：河南人民出版社	1993
11	勒庞·古斯塔夫	乌合之众：大众心理研究	北京：中央编译出版社	2005

七、结论与讨论

（一）研究结论

本研究主要基于文献计量学中的共词分析方法，利用信息可视化软件等科学知识图谱的可视化技术，基于中国知网学术期刊数据库，梳理了自 1986 年中国人民大学舆论学研究所成立到 2015 年的 30 年间新闻传播学领域的舆论学研究期刊学术论文，分析了这些论文呈现的学术脉络和学术共同体建设情况。

研究发现，网络舆情、舆论监督、意见领袖、网络舆论和舆论引导是过去 30 年间舆论研究的五个高频词汇，而传统媒体的批评报道与舆论监督、网络媒体与网络舆论、公共领域与舆论场、突发事件中的网络舆情是过去 30 年间舆论研究的四大领域。

2007 年是舆论研究迅速增长的起点，从此开始舆论研究一直保持着较高的热度，至今未见热度消退的趋势。早期的研究热点集中在广播电视等传统新闻媒体的舆论监督和舆论引导功能上，随着网络媒体以及网络论坛的出现，舆论研究的对象转向网络及公众，并呈现出从一般的传播规律的讨论到聚焦热点事件和突发公共事件，以及从引入传播学理论和传播学名词到将研究视野扩展到社会学和政治学领域的研究取向的转变。

从研究者和研究机构的角度看，舆论研究的核心研究者规模较小，有85%以上的研究者在30年间仅发表了1篇具有一定影响力的论文；舆情研究者之间的合作网络密度较低，虽然形成了一定数量的合作团队，但稳定的合作群体还不多，跨机构之间的合作更是鲜见。

从文献的共引分析来看，被 CSSCI 高频引用的文献以专著和教材为主，特别是综合性、介绍型的教材性质的图书占有相当的比重，经典文献也多来自国内的新闻传播学研究者，在国外研究成果方面与西方舆论研究的高被引文献差异较大，还基本停留在早期的社科经典和新闻传播学领域的教科书性质的介绍型著作层面上。总体来说，无论是对国内其他学科的研究成果，还是对国外舆论学的新近研究成果的引进和普及都还很欠缺。

（二）研究讨论

1. 舆论研究主题的影响因素

研究发现，媒介技术的发展和社会环境的变迁是舆论学研究热点变化的两大推力。

一方面，媒介技术决定了舆情研究的对象，在传统媒体时代，舆论研究的主题围绕着新闻报道展开；2000 年前后，随着以"人民网强国论坛"为代表的网络论坛的出现，舆论研究的对象也由传统媒体转向网络，当 2009 年微博问世并普及之后，以微博为代表的自媒体也迅速成为研究的主要对象，而微信虽然在信息传播方面展示了巨大的能力，但由于其相对封闭，因此和微博相比，它依然不是舆论学的主要研究对象。

另一方面，在网络的冲击下，中国社会形态和传播结构也发生了重大变化，舆论学研究的主题也随之变化。这表现在以下几点：首先，舆情研究的主题带有明显的同时期的政治话语的色彩，在互联网出现之前，传统媒体的舆论导向和舆论监督问题是我国舆情研究的主流，在 1997 年之前的论文中，有三分之一的论文题目都包括"舆论导向"或者"舆论引导"，而 1997—2012 年的相关论文比例有了明显下降，这表明研究的视角发生了向聚焦舆论本体研究以及官方和民间"两个舆论场"互动的转变，但在 2013 年后，关于舆论引导的论文比例又有所回升；其次，社会环境的变化也为舆情研究带来了新的研究问题。随着中国社会转型期的深层次矛盾借由网络平台得到释放，网络平台上爆发出的群体性事件和突发公共危机也越来越频繁，这些热点事件中的舆论形成、媒体作用以及官方引导等也成为舆论学研究的关注焦点。

从以上梳理可以看出，我国的舆论学研究带有强烈的现实和实践导向，媒介技术的发展和政治社会环境的变化给舆论学不断带来新的研究问题，也使得这30年间舆论学的研究主题处于相对剧烈变化的状态，缺乏一些稳定的、贯穿30年的研究主题。但是在研究主题迅速变化的背后，由引文反映出的我国舆论研究的"知识基础"却停留在以介绍功能为主的综合性著作和以教材为主的层次上，无论是对国内其他学科的研究成果，还是对国外舆论学的新近研究成果的重视程度都显不足。

2. 舆论研究学术共同体建设

从学术共同体建设的角度看，国内的舆论研究共同体在研究者的整体发育水平上和国际情况比较接近，但国内高产研究者之间的差距相对较大，说明国内的权威研究者的发展程度较高；在合著方面，随着学科的发展和成熟，舆论学领域的合作程度也提升了，但稳定的合作群体依然不多，目前的几个小群体主要是基于师生关系或依托某一舆情研究实验室或研究中心形成的，机构间的合作依然匮乏，且与计算机科学、图书情报学、公共管理学等领域的舆情研究相比，新闻传播学领域的舆论研究者之间合作关系较少，对国内其他学科的研究成果的借鉴也比较少，并不利于学术交流和学术共同体的形成。

对比国际舆论学的研究情况，虽然国际舆论学的权威作者群发育较弱，但高产作者之间学术合作密切，跨机构之间的合作也非常普遍，最高产的 9 个机构之间也多存在直接或间接的合作关系。

基于舆论研究越发成为跨学科领域的趋势，以及我国的新闻传播学领域的舆情研究者之间缺乏合作的现实情况，因此，在未来的研究中，来自新闻传播学领域的舆情研究者之间应该加大合作力度，特别是跨机构、跨学科的合作，以吸收来自不同学科的理论和研究方法，促进不同研究取向之间的学术交流。比如，基于已有的舆情研究实验室或研究中心，建立跨学科的研究基地或研究组织。与国外基本由大学主导舆情研究的情况相比，我国的高产研究机构中也不乏社科院等研究院所以及人民网、央视等业界机构，这些组织也是打破学科壁垒的良好平台。

（三）研究不足

本研究还有很多不足，首先，由于本研究的研究对象时间范围跨越 30 年，因此，采用了每年发表论文固定比例的筛选方式，按此标准，在 1986—1998 年间基本被引次数在 2~3 次以上就可以入选，但在 2009—2011 年间几乎被引次数要达到 18 次甚至 19 次以上才可以入选，这可能导致部分中后期的论文有遗珠之憾；限于早期的研究成果缺乏网络传播工具以及整体研究人群和发表论文数量有限，因此下载和被引数都很难与后期论文相比；另外，出于国内期刊论文数据的可得性的考虑，本研究在共引分析部分缺少早期的数据。其次，尽管本研究已经对基于 CSSCI 的引文数据进行了一定的人工调整和补充，但依然不排除存在部分引文数据缺漏（主要是图书的年份缺漏）以及格式不统一的问题。最后，文献计量学的方法相对来说是从一个宏观的视角对学科历史和现状的总结，但对于单一研究的观点归纳和具体贡献可能需要与传统的文献综述方法结合才能更加完善。

第三章

当前新闻传播与话语体系的需求侧与
供给侧：现状、特点与问题

面对技术深刻改变了的现实，主流话语的传播面临着巨大困境。

困境之一，就是渠道的丰富、多元化及其海量化、碎片化：数以百万计的 App 犹如媒介"黑洞"将人们的注意力吞噬进去；一个个无所不在的小程序隐蔽于空间场景的各个角落将人们即时性的需求一一劫持；而建立在智能技术基础上的算法型分发又以"私人订制"的方式将人们的信息需求"温柔"地框定在"信息茧房"的范围内；至于社交媒介则像一张无所不在、无时不有的大网将人们网罗于基于关系渠道的无所不及的信息海洋中……相比较"一纸风行"年代的一张报纸千万人阅读、一个电视节目六七亿人同时观看，传统主流媒介畅行天下的良辰美景已经一去不复返了。传播市场的"碎片化"让我们甚至无法明确地回答出：今天的用户在什么时候、什么场景下、通过什么渠道、消费什么内容……传统意义上的"渠道中断"和"渠道失灵"已经成为主流话语传播中最大的"痛点"。

如何走出这一困境？有人主张自搞一套，即自外于现有的、极为丰富和活跃的大传播网络，集中力量自造若干个 App、拼尽资源建立"属于自己的网络平台"，这虽然也有一定效果，但毕竟效力有限，无补大局，并且成本巨大、难以为继。其实，互联网时代与传统大众传播时代的最大不同就是：竞争已经不是第一主题词，连接、合作、整合、激活与搭载才是互联网传播致效的第一要义。诚如马化腾所说："互联网改造世界的基本方式就是透过连接和再连接创造新的价值和创造新的功能。"摈弃僵化、封闭的逻辑，以开放的方式借助于今天丰富的网络传播渠道去实现主流话语的传播才是正途。正如习近平总书记所言，"通过网络走群众路线"，这就意味着"群众在哪儿，我们的工作就要到哪儿去"。

因此，如何在市场洞察、用户洞察的基础上激活和有效地利用现有的互联网通路与平台——利用算法规则进入到内容推送的传播路径中、搭载在各种大大小小的 App 平台上进行内容的扩散、融入社交媒介的社会关系链条完成主流话语的"滴灌"……便成为解决主流话语传播上的"渠道中断""渠道失灵"的关键性选择。

一、需求侧

时至今日，传统媒体的内容供给与话语体系已难满足用户日益丰富和多层次、个性化的信息需求。

（一）万物皆媒时代已经来临，人们对于主流媒体的渠道依赖越来越低

新媒体技术带给传统新闻业最大的冲击就是信息渠道越来越多，所有的新兴技术平台都具有"媒体化"的属性。随着微博、微信等自媒体的崛起，人人都有麦克风、个个都是通讯社的时代骤然来临，传统媒体作为民众主要信息通路的价值被迅速消解。

传播学中的"渠道依赖论"认为，由于受众的渠道依赖所赋予被依赖渠道的潜在影响力，就是人们通常所说的"渠道的权力"。在媒介产品的生产链上，由于技术的发展，内容生产渠道对于中介化的传播渠道具有越来越大程度的依赖性，同时由于渠道转换成本高，因而内容生产者被"单边锁定"，媒体对于整个产业链过程的影响更大，具有渠道权力的倾斜；相对于传统媒体，全国范围的商业性媒体的传播宽度更广，占据了更多"有价值的资源"，因而也具有渠道权力的倾斜。随着网络社会的发展，已经产生了这种倾斜于互联网、全国性、商业性新兴媒体的渠道权力结构。

（二）社交网络已经超过传统大众媒体成为民众获取信息的第一渠道

据中国人民大学舆论研究所近十年来的舆情监测显示，以微信、微博、微视频为代表的自媒体平台（37.3%）已经超过都市报、电视台等传统新闻媒体（20.4%）成为新闻信息的第一落点。事实上，受众越来越习惯于通过社交应用获取新闻，根据 Global Web Index 公司的调研，全球网民平均每天在社交媒体上花费已经超过 3 小时。

社交媒体已经超过传统新闻媒体成为民众获取信息的第一渠道来源。中国人民大学舆论研究所的调查显示，目前民众获取信息的主要渠道是以微博、微信为代表的社交媒体（42.8%），而报纸、广播、电视等为代表的大众媒体占 29.4%，即民众不再将传统媒体作为信息的第一来源，并且自媒体的公信力与传统媒体的公信力在不断"摊平"，新媒体的公信力地位在不断提升，传统媒体的公信力在丧失信息第一落点的地位后在不断下降。

（三）单向度的内容供给的宣传范式已经无法满足民众的信息需求，情感沟通和价值共鸣已成为现阶段传播致效的第一要义

传统的新闻宣传是一种单向度的关系，即我传播出去，不论民众是否有反馈，有何种反馈。由于信源的单一，民众对信息的

需求只是停留在"我知"这一层面，随着自媒体渠道的出现，民众开始不仅仅限于"我知"，已经上升为"我思、我疑"的信息需求，而传统媒体由于其技术特性和思维惯性，依然是单向度的传播，造成民众认为新闻所提供的信息价值低、不解渴、不好看。随着市场经济的发展和多元文化的勃兴，民众在获取新闻的过程中开始对新闻传播有了在信息获知之上的更高要求，希望与传播主体之间形成情感沟通和价值共鸣，只要对传播主体产生了情感依赖和价值认同，不论对方传播了什么都会无条件地喜爱。如著名微信公众号"罗辑思维"及 App"得到"上的罗振宇推荐的书目及线上课程都有众多粉丝购买，不论这本书和课程的真正价值如何。反观我们的传统新闻媒体则还依然停留在简单的新闻价值层面，缺乏与民众建立情感沟通和价值认同的思维与动力，造成目前受众与广告双向流失的不利局面，从这层意义上说，受众变了而传统媒体没变，才造成了目前的局面。

（四）入耳入脑入心的前提是入眼，传统媒体在注意力资源的占有上越来越不占优势

按照认知心理学，人们对信息认知的过程遵循注意—兴趣—需求—内化等几个环节，入耳入脑入心的前提是入眼，即必须引起受众的注意，传统媒体没法进入受众的注意力通道是目前最大的问题。如果不能解决"入眼"的问题，入耳入脑入心更无从谈起。新一代受众呈现出了全新阅读喜好。在信源权威性上，人们

对于内容提供方的态度已经随着信息供求结构的变化产生了转变，在信息爆炸、资讯多样化时代，用户更多把目光聚焦到内容是否满足需求上，对信息的权威性和可信度的敏感性有所下降。根据艾瑞咨询发布的新闻资讯渠道价值研究报告指出，用户资讯获取的方便程度、时效性、内容覆盖范围成为用户选择资讯获取途径的三大首要考量，在具体信息内容上，受众的信息获取也进入了速食时代，更活泼的文字、图片、视频和个性化推荐受到欢迎，用户最喜欢的资讯形式为头条和标题，而专题报道和长文相较之下则备受冷落。互联网技术的发展也加速了信息速食的趋势，互联网促进了网络新闻"算法分发"，即精准内容推荐模式的快速发展。基于用户兴趣的算法分发利用数据技术，筛选出用户感兴趣的新闻资讯，极大提升了新闻的分发效率。传统的"编辑分发"已经不足以把握用户的注意力资源。传统媒体在无法改变互联网催生的既有的信息供给结构和用户习惯的前提下，想要使信息到达用户并为用户接受，就必须要重塑自己的表达方式。

（五）成功的"两微一端"在新闻信息传播中承载着社会信息流动中不可或缺的二传手和意见发酵池的功能

随着微视频、问答类社区、弹幕、应用笔记等新的技术应用的出现，新闻热点事件呈现出"遍地开花"的趋势，如社会热点事件的经常性的爆料平台为问答类社区——知乎，但由于这些新兴技术平台的网民基数及自身技术特性，不适合意见的交锋与对接，而微博、微信由于其技术特性，依然扮演着新闻传播必不可少的环节，即意见发酵与事件的价值赋予功能，同时也扮演着信息扩散的二传手角色，依然是社会舆论场中最核心的信息桥结点。"两微一端"由于其本身的公开性、公共性特质，已然成为公开的舆论场，在相关新闻下，民众可以参与公共讨论，产生观点的交流和碰撞，甚至是再传播、再生产。除非完全封闭公共讨论的空间，否则即便是严肃的主流媒体也不可避免地会充当"意见发酵池"，就这一点而言，主流媒体与商业媒体不论导向性是否有差别，都会被用户"一视同仁"。因此，传统媒体从思维到人员，从内容到渠道，从平台到经营，仍亟待实现与新媒体的"深度融合"，最终形成良性的可持续的现代传播体系。

（六）时政新闻从数量上看只是网民较低的信息需求，网民新闻消费的总体呈现出多来源、多层次、全方位的复合型消费形态

国外的政治学研究表明，在一个政治生态稳定的社会中，民众对时政新闻的关注要低于政治不稳定的社会，这也是这几年西方社会大选中"首投族"（参与首次投票的总人数）越来越少的原因，时政类新闻被过多过度的关注恰恰说明政治生态出了问题。相较于传统媒体，商业门户网站对娱乐新闻的关注度更高，实际是更符合民众信息需求结构的表现。商业门户网站看似总量不小的新闻采编人员很多是专门服务于娱乐新闻岗位，腾讯娱乐、凤

凰娱乐、搜狐娱乐近年来发展的强劲势头已经足以体现商业网站对娱乐新闻的重视。

（七）非时政类新闻对社会情感按摩与代偿、维护社会稳定具有重要作用

美国传播学者拉扎斯菲尔德和默顿曾将新闻传媒的社会功能归结为：社会地位赋予功能、社会规范强制功能和社会麻痹功能，时政类新闻由于其内容的敏感性与特殊性，承担着前两者的属性，但不能承担着社会麻痹功能，只有软性的娱乐、体育等非时政类新闻才能实现这一功能，软性新闻在一定程度上能够实现转移话题、安抚社会情感与心理代偿的作用。

在社会学研究中"社会安全阀"是一个重要的概念。学者认为，通过建立社会安全阀制度，使得社会情绪具有了代偿目标和发泄渠道，有助于维护社会关系。在一定程度上，网络上的非时政类新闻就具有社会代偿功能，可以消解社会情绪，维护社会稳定。通过网民在网络上的戏谑、嘲讽甚至辱骂宣泄了社会不满情绪，化解了社会戾气，减少了网民付诸线下具体冲突的可能性。

另外，非时政类新闻对转移社会焦点议题也具有一定的价值、过度的娱乐化固然会使得整个社会浮躁，但适度的娱乐会使得整个社会心情愉悦，在一定程度上起到维护社会稳定的重要作用。

二、供给侧

新闻信息与主流话语的供给侧呈现出严重的结构性失声、失序和失势的态势。

（一）传统媒体的传播普遍呈现渠道失灵、传播中断的态势，社交媒体成为触达广大受众"最后一公里"的传播渠道，新闻传播呈现为接力传播的模式

随着自媒体平台和终端的发展，信息传播已经进入了"秒传播"时代，新闻报道呈现出以个人代表的社会化生产为主的阶段，传统媒体获取新闻源也由传统的通讯员转移到社交媒体网站，并且以知乎、网络电台、A 站和 B 站弹幕、网络直播、网络字幕组、笔记类分享应用（如印象笔记）等为代表的新兴自媒体平台已然兴起，微信、微博、微视频甚至被进一步推延，变为热点事件的"二传手"，更何况传统媒体。新闻传播呈现出接力传播模式，即"自媒体—微信—微博—传统媒体—新闻网站—公众"。

（二）当前新闻信息生产的供给侧结构存在失声、失序和失势的状态

信息技术革命正在改造乃至颠覆新闻传播业，进而延伸至对传统新闻生产关系的重构。随着新兴媒介技术的发展，所有的新

兴技术平台都具有了"媒体化"的属性，无论是问答类应用还是健身类应用，都成为新的信息生产者，加入新闻信息的供给侧之中，新闻生产供给侧出现了翻天覆地的变化，传统媒体的新闻生产由于其技术、思维、体制等多方面的原因，在供给侧结构中越来越失势的状态已经形成，传统媒体在失去了多次把握主动权的机会后变得更加被动。

在一些重大突发事件面前，我国传统媒体由于宣传纪律的限制，往往暂时处于失声的状态，在信息真空中，谣言自然乘虚而入，而一些谣言摸清了民众的心理预期，迅速形成网民群体的思维定式和刻板印象。后期传统媒体再进行澄清常常显得劳而少功、甚至适得其反。

另外，在传统媒体工作者的专业价值实现受限的背景下，最会做内容的传统媒体"意外"地成就了一大批内容创业者。这就是所谓传统媒体的人才流失问题。由于内容创业行业越来越红火，尤其是经济刺激力度较大，传统媒体辛辛苦苦培养的人才流失得越来越快，人才的流失必然导致传统媒体的内容生产能力下降得更快，未来传统媒体的新闻生产供给的压力会越来越大。近年来，长期以内容见长，认为自己最会做内容的传统媒体却迎来了煎熬的窘境：受众流失、广告下滑、骨干流失。互联网打破了传统媒体的内容垄断权。不过，仍有一些传统媒体认为：传统媒体相对于互联网的最大优势是"新闻采编权"，言下之意内容依然是传统媒体竞争的利器和撒手锏。这句话貌似很对，但实际上正是独家的"新闻采编权"给了传统媒体内容垄断的优势，也正是独家的"新闻采编权"使得传统媒体一直过着优哉游哉的舒服日子。然而，大量的内容创业者的涌入，在壮大互联网媒体内容势力的同时，也在很大程度上削弱了传统媒体的内容优势。概言之，新闻生产的供给侧改革到了必须改变目前以传统媒体为本位的惯例的时候了。

（三）在巨大的竞争压力之下，传统媒体在时政报道中也时常出现标题党和哗众取宠的现象

在当下的媒体环境下，信息传播速度大大提高，竞争的环境和生存压力"逼"一些传统媒体习惯"迅速出手，否则新闻可能成为旧闻"。于是，相当一部分传统媒体、新媒体，甚至自媒体，都为了"快"而"抢"。然而，一味求"快"让一些媒体变得浮躁，没有深入采访就发稿，没有核实就转载，为吸引眼球不惜使用标题党形式来哗众取宠，给媒体公信力、当事人都带来了伤害。

（四）门户网站在时政新闻的内容解读形式和质量上开始比肩传统媒体

传统媒体由于自身历史的原因，在商业运作能力、讲故事的水平等方面还与门户网站存在一定的差距，尤其是在对时政类新闻的内容解读与呈现方面。门户商业网站借助自身的技术优势，在互动与友好呈现方面给了网民更好的体验。而这些无论在眼界

还是表现手法上都是目前传统媒体尚不具备的。

（五）传统媒体的话语风格与新时代用户的需求之间存在着较为明显的"裂隙"

传统媒体长期以来形成了权威、严肃的话语风格，符合年龄较大和受教育程度较高的受众的品位。但是，现在用户的群体变了，互联网用户年轻化的现象很普遍，"领导与你谈谈心""专家告诉你"等传统的话语策略已经行不通了，现在流行的是"友谊的小船说翻就翻""DUGANG 是""ARE YOU OK"等轻松的话语策略。也许这种话语形式用传统的眼光看显得"太 LOW"，但传播的最高境界是什么呢？不就是在用户不知不觉中完成价值观的传达和熏陶吗？如果用户根本不愿意听你说什么，你自以为再高明的内容又能产生什么影响呢？在这方面，人民日报海外版旗下的"侠客岛"等微信公众号就给传统媒体提供了很好的创新探索和启示。

（六）机器人写作、虚拟现实技术对新闻业生产与新闻监管产生颠覆式影响

2020 年 7 月 12 日 6 时 38 分，在河北唐山市古冶区（北纬 39.78 度，东经 118.44 度）发生了 5.1 级地震，然而仅仅不到 30 秒就发出了这一新闻快讯，就是赖于"机器人写手"的功劳，写一篇报道，机器人写手只需一秒钟，并且文从字顺、数据翔实，

看不出是机器人写作的，机器人写作使得传统媒体与记者的角色进一步转变，一般的信息生产权力被逐步"让渡"，专业化的新闻生产依然具有价值，但以前所承担的无所不包的新闻生产功能必然会进一步细分化。

此外，虚拟现实技术则使得新闻生产的成本上升，对目前传统新闻"广种薄收"的生产模式提出了挑战，传统新闻经济运作能力偏低，在一定程度上不适合目前层出不穷的新技术。媒介融合中传统媒体的不佳表现，在一定程度上与新技术迭代速度过快、思维跟不上有一定关系，因此，这些新技术都对传统新闻生产模式造成颠覆性影响。

第四章

主流话语重归舆论领导者地位的基本逻辑与操作策略

如何完成主流话语对如今在传播领域（市场意义上）的主流渠道的"利用""搭载"和"融入"呢？显然，一方面，需要通过传统意义上的主流媒介与现今市场意义上的主流媒介在机制和体制上的"硬连接"或"软连接"来实现彼此之间的对接与协同，并通过某种规则机制的构建促进其融合生长；另一方面，传统意义上的主流话语本身也应该在形态上做出某种形式要素、价值结构和表达逻辑上的必要改变，只有这样才能实现有效的"利用""搭载"和"融入"。

一、主流话语表达有效性的约束条件

具体地说，主流话语形态应该如何再造和改变呢？

先来看一看相关的约束条件。

首先，如今人人都有麦克风，处处人声鼎沸，交流活跃，网络用户的自主性有了空前的升级。于是，信息的传播就从传统大众传播时代通过媒体的价值选择实现对人的传播，变成今天的人对人的直接传播，媒体作为信息过滤器的传统作用被稀释，甚至丧失了。很多主流媒体突然发现，找不到自己的用户在哪儿了。因为传播的主场变了。

比如作为当下社会传播规模最为大量的基于社交链条的社交传播，就是人对人的直接传播，其传播发生与能量驱动均是基于社交关系双方的认同与信任，如果无法"同频共振"，或屡屡发生价值不和谐的内容传递，就会被"取关"甚至"拉黑"。再比如同样是作为当下社会传播分发量最大的基于智能技术的算法型分发，虽然算法作为"中介"有其"价值观"，但算法的价值观是基于用户数据、反映用户需求而建立起来的，与传统意义上的主流媒体价值观多以"传播者本位"不同，算法是以"用户本位"来搭建自己的"价值观"的。"传播者本位"意味着人要去找媒体，而"用户本位"则要求的是媒体要来找人，即必须具有某种符合用户需求的特质。

因此，今天基于互联网新媒体的任何一项内容的有效传播必须具有"用户本位"的价值逻辑，并以"可感知"的形态和方式与用户的需要及基于需求的选择行为发生交集，传播致效的过程才能完成。做不到这一点，传播就会在这些新型的渠道中失活、沉淀，导致传播的中断。这或许就是当下主流话语在尝试建立微博、微信、微视频等新型互联网传播平台账号进行传播时所遭遇到的窘境：虽然"身体"已经进入主流的网络传播渠道，但却往往被无视、被摈弃，从而无法在社交渠道和算法分发渠道中活化的重要原因之一。

于是，问题的关键就在于，一个主流媒体的传播，如何超越传统意义上的传播形态，实现"传播者本位"与"用户本位"的和谐统一呢？这两者之间在价值属性方面能够兼容吗？回答是明确的，可以。

有人要问，传播者诉求的价值与用户价值一致时自然好办——找到两者之间的交集点作为传播发生和驱动的原动力即可。但如果两者之间不在一条逻辑线上又应该怎么办呢？

实际上，正如一位传播学学者所指出的："任何内容也可以成为媒介"。内容也具有吸引人、汇聚人的巨大能力，可以成为进一步传播的触媒和载体，也即"媒介"。换言之，一个"内容"可以成为下一个"内容"的载体或媒介。有的内容，从价值属性的角度看，并不是我们诉求的目标，但它却可以成为我们所诉求的目标内容善行天下的载体。如关于县级融媒体的建设，如果单纯把它作为一个传播媒体去建设，几乎没有成功的胜算，因为县级媒体在人才、资金、技术及内容资源方面几乎乏善可陈。但是，如果发挥县级媒体依托其"在地性"优势，在政府的强大支持下，激活各类与人民生活相关的政治、文化、商业及生活资源，建构一个综合性的生活服务平台，人们的各种社会交往、事务处理、消费生活等都可以在上面简单便捷地实行，成为人们不可或缺的一个生活依托，这个平台看上去是一个服务型平台，但实际上这些服务内容的凝聚也成为一种凝聚流量的媒介，主流话语的传播也就顺理成章地实现落地了。

老子说"大道不直"，意思是说，现实生活中的坦途并非两点之间的直线，反而可能是那些如水流经、顺势而为的九曲十八弯。随着传播领域的生态化程度的日益升级，我们应该用复杂性范式去面对它、认识它和掌握它，任何画直线的操控方式都是低效少效甚至负效果的。

二、再造主流话语形态舆论领导者地位的关键：用户本位、构建魅力、营造流行

现在看来，对于今天传播领域的活化机制和传播逻辑而言，传统的主流话语形态中缺少了一些必要的成分及基于这些新增要素的形态变革。这些新增要素及形态变革用三个关键词来表达，就是用户本位、构建魅力、营造流行。用户本位是"双引擎"动力机制的构建，以区别于传统主流话语的"传播者本位"的"单引擎"驱动。而构建魅力、营造流行意味着什么呢？

简单地说，魅力就是要使主流话语具有与目标用户的社会利益、社会关系、社会观念强烈的、可感知的连接力、关涉力以及激起兴趣的表达力。魅力是建立在客体属性的相关、主体价值的

共振、感受认知的同频基础上的一种"以人为本"的表达逻辑。这是话语形态的内在构造。而其外部形态就是要以"流行"为载体，以加载在新型互联网渠道当中的推动力、渗透力、普及力。

因此，主流媒体影响力打造的关键在于，它们能否有效推进其自身的信息形态的升级迭代，让主流声音成为一种社会的流行。换言之，主流媒体要重返传播领域的主场，不只靠内容精心打磨，信源专业可信，还要用魅力的打造，适配流行的语境，产出流行的爆款。

在今天，可以流行的东西，总是在品性上更新、在吸聚对象上更年轻、在各类场景中更有传播力；而不具魅力、无法流行的东西，就会慢慢失掉话语权和影响力。在某种程度上可以说，未来媒体的核心能力，就是建构魅力、制造流行的能力。

作为传播领域的一个共识，一位好的传播者必须具备两种能力：一是"见人所未见，言人所未言""击中社会绷得最紧的那根弦"的见识；二是"讲故事"和搭载"流行"的能力。所谓"讲故事"就是营造一个有魅力的场景，在这个沉浸式的场景中，可以在相当程度上使人"物我两忘"，意趣交融，用户和传播内容融为一体，从而使主流传播所要表达的理念、观点、逻辑成为人们触手可及的有温度、有质感、有活力的存在，而如果这个场景的构建符合社会流行的规律和机理，那么就可以成为吸聚海量用户、以内容为载体的大媒体平台，则主流话语的影响力的落地就有了实实在在的依托。

从内容影响力的深度上看，主流话语内容的时代留存性要进一步升级。具体地说，这种留存性就是主流话语的品质，它分为两个维度：在空间维度上，它应该具有引领社会的能力；在时间维度上，它要有积淀为文明经典的能力。

在实际的社会传播领域，相信大家都有一个体验，就是虽然我们每天都遭遇海量的信息轰炸，但真正能够打动自己的信息却非常有限，而值得留存下来反复咀嚼的内容更是凤毛麟角。对一个负责任、有担当的主流媒体而言，如何让信息不是单纯地消耗人的精力和时间，还可以让人们通过信息的消费、内容的接触得到、留存更多有益的东西，进而使人的眼界打开、认知迭代、品行提升……换言之，要把控和加大内容的时代价值，要鼓励内容消费中的助人成长的补益性品质，减少单纯消耗和发泄性因素。

概言之，从未来传播的角度上看，主流话语形态一定要升级，要大胆跨界、大胆融合，做更高效的传播。未来，任何平台都应该成为主流话语的传播阵地。群众在哪儿，主流媒体的影响力就应该到哪儿。

三、主流话语引导力的重构：网络事件中的议题传播与社会动员

《纽约客》专栏作家格拉德威尔在《引爆流行》一书中这样描述社会上突如其来的流行风潮：别看我们身处的世界看上去很

坚固，或者说很顽固，雷打不动，火烧不化，其实只要找到那个点，轻轻一触，它就会倾斜，这个点，就是格拉德威尔所说的"引爆点"。格拉德威尔进一步指出，流行的引爆有三个重要法则：一是附着力因素法则，指时尚、品味、思想、行为等流行事物本身具有的感染力；二是关键人物法则，即推销员、联系员和内行等关键人物发挥信息中介与意见领袖的作用；三是环境威力法则，指酝酿流行风潮的社会氛围。

格拉德威尔的流行理论为研究网络事件、行动提供了一个普适性的框架，不仅可以解释传染病如何爆发，思想、信息、时尚、犯罪如何流行，也可以解释关系赋权如何从一个事件中浮现。近年来的一些网络热点事件反复印证，思想、信息、情绪及行为的病毒性传播已成为权力涌现的基础与前兆。基于以上分析及对网络热点事件的观察，可以得出赋权机制的引爆有三个结构性要件。

（一）事件本身的感染力

"在由各种现象、意见的碎片构成的网络海洋中，某一事件得以扩散传播，演变为群体事件，其概率并不亚于中彩票。"互联网中的内容芜杂冗余，注意力是最为稀缺的资源，这注定了只有极少数议题能够进入公共视野。在关系网络中，有一些特定的议题比其他议题更容易传播蔓延，议题特征、建构策略、情绪倾向作为网络事件的关键属性，共同影响着网络事件的生命力与感染力。

1. 议题特征：争议属性与负面属性

网络事件的宏观特征主要涉及议题的外显框架。我们对近年来网络热点事件议题的宏观特征与微观属性进行了实证研究和理论阐发，对近年发生的 522 个网络事件的考察显示，网络热点事件的议题主要集中在政府部门行政不当和官员的违法乱纪行为上。这些议题往往涉及公民权利、利益分配、社会公平、官民关系等，因此，最能触动社会最敏感的神经，引起民间话语的啸聚。有学者基于对网络行动的案例研究发现，有 7 类议题具有进入公共领域的特定议题机会，分别是大众民族主义、维权活动、腐败滥权、环境污染、文化争议、揭露丑闻、网络慈善活动。

依据马斯洛需求层次理论，人们对安全的渴求位于需求阶梯的第二位，仅次于生理需求。反映在网络议题传播中，表现为负面的信息更容易得到关注和传播，出于安全需求，人们对于外部环境异常或负面信息更加关注。因此，社交网络中产生巨大影响力的事件往往有着明显的争议性和负面属性。

2. 建构策略：合法性建构、框架策略与话语风格

每个网络事件都是具有生命力的、开放性的"活的结构"，各方力量在这里表达立场、争夺舆论，引导事件走向。一个事件在公众视野中可以活跃多久，除了议题相关性之外，还在很大程度上取决于议题的合法性建构、框架策略与话语风格。

第一阶段是议题合法性的建构。研究表明，不直接挑战国家和政府权威的议题通常能够获得进入公共领域的机会。中国早期

的环保组织尤其注重议题建构的合法性策略，它们通过赋予议题以道义正当性来争取政治机会。这决定了一个议题在政治空间内能否生存下去，只有在国家规制框架内保持议题的政治容忍度，才有可能推动议题的发展和深入。

第二阶段是框架策略。它是"为新闻事件赋予意义"的过程，是"以前后一致的方式"对于事件做出"选择、强调和排除"的过程，事件的策略性框架决定了事件的理性行动者如何设置议程、讲述故事，议题主框架能在多大程度上引发公众认同与共鸣。李彪在对网络事件的微观属性研究中发现，主要网络事件的议题建构通常采取去政治化、扮演弱者、突出阶层对立、强化刻板印象等手段。有学者总结指出，那些与更多人日常经历相关，能激起判断好坏的道德感的议题，具有更高的共鸣度。

第三阶段是话语、符号与风格。在一些网络事件中，公众往往容易被一些特定的话语或符号性行为所打动，创新的行动模式和表达体裁，感性、戏谑性、娱乐性、讽刺性、草根化、艺术化的话语或符号，使事件更容易受到关注和传播，从而产生良好的社会动员的效果。草根群体常常用极端的表达方式或行为艺术表达对权威和精英话语的蔑视与反叛，宣泄对社会现实的不满与无奈，这也体现了人们对价值和认同的寻求。

3. 情感动员：消极情绪更易传播　积极情绪更利于动员

情感在集体行为的发展过程中起着关键作用。社交网络是人与人交互的平台，情绪的交流、唤起和共振是网络事件传播的重要动力之一，情感的动员与投入，也是集体认同实现的必要条件。

从客观属性来讲，网络事件所呈现的主流情绪倾向，在某种情况下会加速或抑制信息、思想、行为的传播。许可等在对心情搜索和信息传播的研究中发现，"愤怒"情绪更容易在社交媒体中传播。有学者基于对24起公共事件相关微博的实证分析得出结论：负面情绪越强烈，微博信息被评论转发的数量越多；正面情绪强烈程度与其被转发、评论的数量无相关性。在对恐慌传播的研究中发现，高风险引发的恐惧与惊慌情绪会抑制理性、引发狂热，从而导致恐慌情绪的疯狂传播。总而言之，由于社交网络上的公共事件以负面信息居多，社交媒体又是公众宣泄情绪的主要渠道，蕴含负面情绪的网络事件传播机会、速度、感染烈度相对较高。

从主观能动性来看，情感是推动网络事件发生、发展的重要动力之一。当人们因感情受到激发而参加集体行动的时候，是他们的道德原则驱使他们采取行动的，基于正义感、爱、忠诚、悲愤等情感的集体行动，是建立在集体认同上的行动，在众多网络事件中，几乎每一个案例都有一条情感主线贯穿其中、推波助澜，甚至成为事件突破阈值的触发点。诸多触动民意的热点事件中的情感动员都是聚合注意力和影响力，在网络行动中实现集体认同，进而赋权的重要力量。

（二）动力引擎：关系网络的节点互动

基于社交媒体的关系网络中存在大量的"自组织"群体，它们与"他组织"最大的区别在于，其进化的动力来自网络内部的用户协同，而不是外在力量的干预控制。异质性、适应性的用户作为关系网络的节点，它们之间的交互作用是推动网络事件发展的原动力。那么，不同用户群体在网络事件影响力扩散中各自扮演了什么样的角色？

1. 中心节点：网络意见领袖群体

国内学者对网络意见领袖的特征识别、层次分类、地位功能做了大量的研究，本书基于研究目标，将网络意见领袖简要界定为"在网络事件中扮演信息流和影响流关键节点"的核心用户。在网络社会中，他们不仅担当了信息源和信息桥的角色，而且还具有相当的舆论影响力，成为社会信息与舆论的双重来源。

互联网关系网络的结构遵循幂律法则，少数中心节点往往拥有较多的社会连接。网络意见领袖就是拥有高辐射力、高到达率和强社会影响力的中心节点，他们通常在现实社会中就拥有权力地位和优势关系网络，不仅将现实社会关系嵌入社交网络，还承载了大量"弱连接"的接入与转出，成为群体协商与合作的关键节点。网络意见领袖在公共事件中有着高于常人的话语权和影响力，他们不仅消息更加灵通，拥有更多的信息来源，还能在很大程度上影响网络舆论格局和网络事件的走向。

2. 群体智能：庞大的普通用户群体

开放、连接的社交网络将分散、异质的个体连接起来，聚集为各种各样的自组织群体，个体之间的交互、协同、互补形成了

"群体智慧"，并激发共享和利他行为。在无远弗届的互联网中，每个个体的力量都是微小、孤立和偏狭的，但关系网络的开放性、交互性和包容性，使这些"散户"在共识和信任的导向下分工明确、有效激励、相互校正，个体智慧转化为群体智慧的可能性大大增加，个体影响力和价值聚合为巨大社会权力的效率大大提升。

许可在对社交媒体流行趋势的研究中发现，在信息、话语传播的早期阶段，更多意见领袖的参与仅能引起小规模传播，而大比例普通群众的参与才能引发大规模的传播和流行。互联网条件下，自组织的群体通过在关系网络中的协同，聚合了智慧、注意力、影响力等各类资源，无论在宏观结构还是在孤立的网络事件中，每一个普通用户都在用跟帖、回帖、顶、赞、转发等方式贡献自己的激情与创造力，人们对于弱者的同情，对家国的热爱，对沟通与合作的渴望，成为蕴藏在关系网络中巨大的能量。在网络行动和网络事件中，只有那些与普通民众日常生活、切身利益密切相关，与主流的价值观、社会心态和情感结构相契合的议题，才能被赋予强大的生命力和影响力。

3. 信息与舆论之桥：传统大众媒体

互联网技术的进化与社交媒体的发展过程，是传统媒体不断向网络媒体让渡受众与影响力的过程，传统大众媒体独领风骚的媒介霸权时代已经一去不复返。但不容置疑的是，传统大众媒体在信息流和影响流中仍然扮演着重要角色，在信息传播方面，官方渠道的公信力和权威性是网络媒体所不能企及的；而在影响舆论方面，传统大众媒体的议题设置能力和舆论引导能力，及其对线上线下、官方民间舆论场的耦合功能，也是社交媒体所不能取代的。

无论从宏观场域，还是孤立事件来看，传统媒体都是网络热点事件的引爆点和催化剂，许多网络事件都是经由传统媒体报道，才得以进入主流舆论场，进而对社会现实发力。这说明传统媒体仍然是社会中重要的权力来源，在对个体、群体、组织和事件赋予合法性方面，具有社交媒体所不能比拟的能量，在网络谣言的传播及控制中，传统大众媒体也是人们首选的求证核实途径，2011 年发生的食盐抢购事件中，传统大众媒体的积极介入与引导使得谣言传播迅速进入衰退期。从这个角度来讲，传统大众媒体仍是互联网关系网络中当之无愧的"中心节点"。

（三）情境威力

1. 关系网络的不确定性与非平衡态

传统社会的金字塔结构等级分明、结构稳固，但是这种平衡状态缺乏生机和张力。互联网条件下，伴随着连接的演进和社会资源配置规则的转变，社会关系网络逐渐向开放性、弹性、非平衡性的耗散式结构转变。这种非平衡性源于宏观关系场景与特定关系场域的复杂性、交融性与流动性。一方面，社会的包容性、多元化、张力越来越高，中心权力与边缘话语的博弈与融合无处不在，社会治理的复杂性也随之提升；另一方面，网络行为的复杂性、匿名性、不可预测性导致社会韧性不足，危机开始成为社会常态，确定性消失了，以往的规则、秩序和信任机制开始破溃，而新的认同还未建立，随意、混乱、冲突及纠合随处可见。

关系网络的非平衡态是网络事件孕育的温床，也是新的权力涌现的基础。任何一个网络事件的出现都有着深层次的社会情境和社会心理原因，目前社会的一个基本情境就是社会转型期的贫富差距、资源不均、信任缺失等，争议与冲突层出不穷，社会场域时常处于紧张敏感状态，一旦旧的关系场景被扰乱或打破平衡，就会推动事件快速、激烈地演进，事态往往一点就着、一触即发，造成强烈的社会影响。

2. 关系网络的自组织特性

外界环境变化达到极限，信息和舆论的传播积聚到达一个峰值，关注用户达到一定规模或质量，或者社交网络中的某个中心节点一举发力，都会使处于非平衡态的关系网络到达"阈值"或"临界点"，从系统中涌现出新的结构与功能。在这个从量变到质变的过程中，网络事件可能会瞬间爆发，但是它究竟走向何方，却没有一定之规，一个优势群体、权威机构的形象也许在一夜之间轰然崩塌，而个体或许就此一举成名、沉冤得雪，也可能声名扫地、急转直下。由于当下的大部分网络事件都与公民权利、社会公平密切相关，一旦进入公众视野，关系网络中的舆论往往表现出对弱势一方的同情与声援，对于底层民众的权利主张和行使非常有利，官方机构和权力部门则面临着更多的诘问、质疑、揣测和攻击。

网络事件发生于关系情境之中，通常是在与社会心理、社会记忆、普世价值、主流情绪等深度连接与共鸣下产生、酝酿、升级、聚合，在互联网用户的协同推动下向临界点趋近，从一个层次上升到更高层次，最终突破临界而发生质变，引发了社会权力的涨落与突变。

（四）关系赋权的演化路径：渐进与突变并存

自组织的演化一般有三种路径：一是经过临界点或临界区域的演化路径，在这种演化路径上发生的现象最丰富、最复杂，像急流险滩，演化结局的可能性最难以预料，细微的差别可能导致大的涨落；二是间断性演化，有大的跌宕和起伏，常有突变，其间大部分演化路径可以预测，但是有些区域或结构点不可预测；三是渐进的演化道路，平稳的演化，没有大的变化，演化路径基本可以预测。

在对网络热点事件的主题风格、传播节点和情境特征进行了以上分析之后，关系赋权的演化路径开始浮现。从总体趋势来看，互联网关系网络对相对无权者的赋权是一个渐进的、可以预测的过程，在基础价值层面和权利意识方面，底层群体无疑是在知识、信息、话语平权中受益最多的，个体得以更广泛、更深层次地参与社会生活，然而在高层次的价值和影响力形成方面，由于需要主体能力及环境条件的保障，在社会中已经掌握了一定权力的群体反而受益最多。

从孤立的网络热点事件的演进和偏向来看，关系赋权的不确定性是主流，与行政赋权、资本赋权等权力模式相比，信息技术对于无权者的赋权是参差的、流动的、纹理错杂的，由于关系网络的庞大规模和复杂性，人们难以完整预测某一个事件的临界点或阈值。但这不排除在权力的涌现中存在一些可以推及的规律，热点事件的引爆通常在主题风格、建构技巧、场景借力和关键节点驱动方面存在某些共性，这些共性就是一些机构在有意识地设置议题、引爆热点时重点关注的区域。

第五章

网络舆论场的善治：规则设计与关键性操作

毫无疑问，今天的网络是当下我国社会舆论表达的主阵地。如何认识和把握网络舆论，过好互联网这一关，是摆在执政党面前的生死攸关的重大课题。今天，关于互联网舆情治理的呼声不绝于耳，一方面，说明了解决这一政治课题的极端重要性；另一方面，也在相当程度上说明我们还没有抓住问题的关键，诸多所谓舆情治理投入与产出严重不成比例，甚至常常出现负效果，反效应。

所谓网络舆论场的善治，是指通过治理达到争取人心与追求社会进步的双重目标。而实现善治的最为重要的方面是从政策规制的"供给侧"来进行改革。一般而言，网络舆论场域的供给侧包含三大要素：舆论主体、规则机制、影响性范式创新，而网络舆论场治理的供给侧改革的目的旨在调整网络舆情场域的要素结构，使要素实现最优配置，提升网络舆论生成与表达的质量和数量，构造社会良性发展所必需的人心的凝聚与共识的达成。它至少应该包括以下三方面的改革。

一、舆论主体

时下有一种流行的说法，将网络舆论区分为两大类：一类称为"官方舆论场"，一类称为"民间舆论场"。其中"官方舆论"显然是一种不科学的称谓，因为任何一本舆论学的经典著作都可以明确地告诉我们，舆论永远是指与社会管理者相对应的民众的意见和主张，"官方"作为社会管理者的意见和主张当然不能用"舆论"来称谓，正确的说法应该是"官方意见或主张"。因此，官方显然不应该是舆论场域（包括网络舆论场域）的主体。

问题是，为什么会存在"官方舆论场"的说法呢？这主要是由于我们的某些官员或官方的研究者混淆了舆论表达中的"能指"和"所指"，把能够正确地表达舆论当成了舆论本身。

有人或许以为，如果对每一个人的网络言论都采取"高标准""严要求"，岂不是从源头上就能够保障网络上的表达"风清月朗"了吗？问题是，普通网民不是专业记者，他们在表达事实时不可能像专业记者那样客观严谨准确无误；他们也不是哲学家或社会学者，他们不可能像学者那样在表达意见和主张时那么理性平和；他们更不是领导干部，更不可能像领导干部那样以统揽全局的眼光和逻辑表达问题。显然，一旦提出了那种过高的要求，无异于是让他们缄口不言。

社会舆论对于真相和真理的表达，一是像马克思在一百多年前所言的时间序列上的"有机运动"：用今天的报道纠正昨天的错误，再用明天的报道来补充今天的不足。二是在网络时代所特有的表达结构上的"无影灯效应"：只要网络的表达足够开放，参与者足够多元，人们就可以从不同的角度形成互相补充、互相纠错、互相印证、互相延伸的自清机制。因此，在今天的网络舆论的表达中，我们对于某一个人、某一个具体的情况或意见表达其实完全不必提出过高的要求，也有极大的可能通过上述两种机制达到逼近真相和追求真理的目标。

二、规则机制

舆情治理规制的首要目标不是"治"舆论，而是透过舆论发现和解决社会问题，并在规制构建中体现网络舆论场域的复杂性要求，理解和把握网络内容生产机制中的关联性，保护意见成分的多样性。

中国俗语所谓"种瓜得瓜种豆得豆"，即有什么样的因，就结什么样的果。就舆论场域产出的国家治理而言，规制是国家治理最主要的手段，它在相当大的程度上决定着舆论场域舆情状态生成的品性与质量。

规制的第一要义是治理目标。规制的设立与实施应该帮助管理者明确确立从舆情的表达中发现和解决社会深层问题这一首要目标，而不是以简单"平复"舆论为治理目标的第一甚至是唯一归依。换言之，在处理群体性事件、突发性事件时首先应该确立的一个观点是：不能将这些事件的处理简单归类为舆情的控制和引导问题，不能掩耳盗铃般地以为只要没有声音了，问题就算解决了。因为舆情的发生其实是由现实的社会问题、社会矛盾决定的，如果仅仅把它看作是话题引导的问题，那是治标不治本的。

作为舆论学的常识，我们把舆情称为"社会皮肤"或反映社会时事的"晴雨表"，舆情是一种类似感知器的东西。科学正确的管理应以舆情的反映作为一个重要的参照系来安排社会政策、社会管理，以实现社会运作的调整和改善。显然，我们不能仅仅去治理问题表面，而应该解决问题的深层根源。如果就舆情而说舆情，有时是没有答案的，因为这并不是一个简单的技巧和应对方式的问题，而是整个社会系统中重要的一环。明确这一点，对于舆情的社会治理在方向上和基本逻辑上是否正确非常重要。

传统社会精英文化下的意见生产方式、管理方式与我们今天"众媒时代"人人都是传播者、表达者的意见生产方式、管理方式应该是有着截然分别的。精英文化时代我们追求的是一个个意见表达的"个体"完美，而在泛众传播时代我们则应转而追求意见表达在总体上的"结构性"完善。这正如对待"三个臭皮匠"的个体要求不应该拿"诸葛亮"来做比照一样。正确的方法是：这"三个臭皮匠"结构整体上的智慧是否顶过了一个"诸葛亮"。

因此，理解网络舆论及其生成机制的特性，对于构建一个科学合理且有效的治理规制是最为关键的前提和基础。而基于互联网的个人被激活的网络内容生产的一个突出特性就是它有"关系赋权"新型社会资本运作之下的作为一个生态系统产物的"复杂性"。

所谓复杂性，简单地说就是诸多事物和要素的彼此缠绕和互相影响，从而形成一个彼此关联、整体功能不等于个体功能简单叠加的社会有机现象。而复杂性思维就是要求我们看到这些环节的关联与嵌套，并采取与之相称的对策措施。具体地说，复杂性逻辑的一个深刻内涵就在于，它是一个"牵一发而动全身"的整体构造，不能简单和机械地还原为个体和局部功能与价值的叠加。换句话说，一个元素或者局部的评价不能用就事论事的方式去处理和看待，必须还原到它所处的生态环境的整体链条中加以把握才是科学的和正确的。

网络舆论表达作为一个有机体其内在的多元成分是关联在一起无法拆解的绚丽多彩的网络舆论实际上是一个彼此关联、共生共荣的生态系统。一个草原如果只有一种植物，一片森林如果只有一类动物，其命运必然走向沉寂和死亡。我们在网络空间追求一种文明的表达形式，但这种追求不能绝对化。目前没有任何一个国家把禁止说脏话或者禁止骂人纳入法律条文，因为它不具备可执行性，并且说脏话也是一种表达权利，虽然我们不提倡、不赞同，但它不应被剥夺。因此，网络秽语的影响不应被过度拔高。

如果脏话可以和假话、偏激的话以及断章取义的话同称为"错话"的话，那么要求在网络文化传播场域禁止脏话的同时，是否也要禁止假话、偏激的话以及断章取义的话？且不论我们现实中能否做到这一点，即使做到了，我们的社会就一定文明了吗？从历史上看，不允许一句"错话"存在的社会，必然是扼杀真理的专制社会。

显然，我们对文明表达的追求和对"错话"的包容之间并不矛盾。这就好比在不影响人体健康的前提下，在食品中加入限量的化学添加剂是被允许的。"纯而又纯"、没有任何微量重金属或农药残留的食品在当代生产环境中少之又少，难道我们要拒绝所有这些食品吗？食品尚有一定的安全容错空间，不允许错误存在本身就是一种绝大的错误。任何标准都不能理想化，它必须与社会发展程度相契合，必须是合理、可行的。任何真理的探索和表达，都是在试错过程中完成的，不允许说一句错话，犯一点错误，实质上是扼杀了对真理的探索和表达。因此，从关联性的角度看，我们的网络治理规制必须顾及和尊重多样性的共处与兼容。概言之，在网络内容的表达规制上，我们对于自己所不喜欢的"另类"因素的包容，其实与我们对于真理的追求是同等重要的。

网络内容生产作为一个有机的生态系统，还有一个重要的特性，这就是自组织功能。网络内容生产作为一个自组织的复杂性系统是具有自我调节、自我发展，从简单到复杂，从幼稚到成熟的成长特性。这种特性又叫复杂性的动力学特征。网络舆情生成的这种自组织特征告诉我们，规制应该为舆论要素的自我发展留出相当的自由度和活动空间。不要用外在的强力过度地限制和干预，不要试图包办社会舆论要素的成长过程，要使个人、集体和社会在自组织机制的作用下有机地成长，尊重意见表达的多样性，在意见对冲与妥协之中"各美其美""和而不同"。

具体地说，网络舆论生成的自组织，是需要一定的表达空间和自主性的激活机制的，舆论生成的典型现象一般是以"涌现性"为特征的，所谓涌现性是指，在一个复杂系统的时间序列上的一种功能与价值的突然出现，而对于这种涌现现象发生机制的回溯，我们会发现，当初微小的价值碎片、甚至某个看似无意义的"垃圾因素"，在适宜的进化规则和生态催化下，都可以成长为一个个令人惊叹不已的奇迹。研究表明，涌现现象的发生，对于初始条件的某些微殊极端敏感，对于进化规则的包容性也极端敏感。因此，尊重多样性、了解涌现现象的特殊形成机制，这些都是网络舆论场域在供给侧改革方面的关键所在。

三、影响性范式创新

在社会沟通和舆论引导中，"晓之以理"远远不如"动之以情"，争取人心是舆论治理的第一要义，只有解决了立场问题，才能谈得上舆论引导的问题。

目前社会管理者在针对舆情处理的基本方式上有一些误区。

具体表现在，首先，试图通过摆事实、讲道理的方式来解决问题，但实际上，如今摆事实、讲道理是解决不了沟通和引导问题的。这可能跟我们过去的常识有所不同。当下是一个多元化的社会，不同的人从不同的角度，看到的事实是不同的。每个群体，都有自己观察事物的角度，以及捍卫自身利益、表达自身主张的严谨逻辑。公说公有理，婆说婆有理，这是多元化社会的基本特点。因此，仅仅摆出一部分人所认定的事实、逻辑或道理，是很难被其他人所接受的。为什么？因为道理太多了。这不是道理的问题，而是关乎感情、立场和关系的问题。换句话说，解决舆论入耳入脑入心的社会前提条件，是必须要与聆听者产生情感共鸣和关系认同。只有当我们是志同道合的伙伴，是一个战壕的战友，是荣辱与共、生死相伴的兄弟时，你说的话我才能听，如果你是狼我是羊，这是很难接受的。所以，在摆事实、讲道理之前，首先要解决立场问题、情感共鸣问题和关系认同问题，这是社会沟通、舆论引导起效的最为重要的前提和基础。

例如，几年前，英国政府考虑是否从伊拉克撤军的问题时，多方各执一词，议案难以通过。英国《卫报》是做大数据、可视化最好的媒体之一，也是比较主张从伊拉克撤军的。《卫报》在自己的网站上做了一幅可视化的伊拉克地图，在这张地图上，采集了大约 4800 条从伊拉克反馈回来的战事伤亡报道，其中包含了英军、美军以及其他国家军队在内的参战伤亡情况。每个报道就是一个血滴，在这份伊拉克地图上，密布着血滴。用鼠标点开任何一个血滴，都能呈现出那篇报道本身和在那次冲突中死亡的年轻士兵的照片。这就是一种巨大的情绪的力量。一个多星期后，撤军议案在英国议会通过。这个大数据的可视化技术，把逻辑的力量转化成了情绪和情感的力量，比讲道理更有效地说服了大众和政治家。当然，这种说服本身是正效果还是负效果，现在各有争议，因为这个决策本身未必是正确的。但是可以很明显地看出，在当下，讲道理常常不如立足于情感更具备说服力，这就是立场、感情在当今社会要比讲道理更重要的原因。

而当下，我们的很多舆论引导、化解工作并没有放在立场、情感和关系认同上，这是目前舆论引导中的一个重要问题。因此，我们在做舆论化解工作时，一个最重要的目标诉求，不是简单地把它平复、压制过去，而是要透过问题的解决、透过舆论的应对来争取人心。换句话说，每一个舆论化解工作都应该争取到更多人对政府的认同和亲近，从而积累我们的情感资源、关系认同和价值认同，赢得民心，这才是我们做舆论化解工作的根本目的，而不是简单的维稳，消除表面的张力。如果这个目标没有建立起来，那么解决的问题越多，存在的隐患就会越大，这就是当下在话题舆论引导中的一个很重要的误区。所以，争取人心才是舆情工作的重中之重，这一点是一定要强调的。舆情就是做人心工作的，如果说我们做舆情工作之后，没有得到人心，反而丧失人心了，那么这个舆情工作就是失败的，甚至是负效果的。

第六章

新型主流媒体：不做平台型媒体做什么？
——关于媒体融合实践中一个顶级问题的探讨

一、问题的提出：新型传播生态的基本构造

媒体融合无疑是传媒发展历史上的一个巨大创新。由于以互联网为代表的数字化技术的基础性变革，改变了传播领域的生态体系及运行法则，按照传统模式进行发展已经难以为继。在"天道已变"的背景下改弦更张的关键，首先要解决好"从0到1"的创新，即解决好新的发展目标的确立、新的运作机制的把握，以及新的行动路线图的编制。然后才能进行"从1到100"的创新复制与大面积推广。

那么，就让我们来认识一下传播领域的新生态。

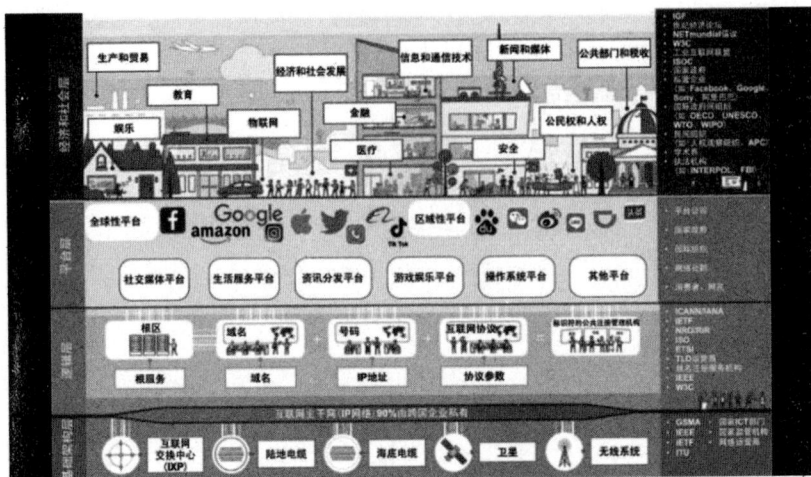

图 6-1　传播领域新生态①

　　一般认为，互联网平台的出现是传播发展历史上的一个重大事件。从此，传播生态的基本构造就新增了一个重要的中间层——互联网平台。构成传播生态的又有三个基本的传播层次。

　　电信层（基础架构层+逻辑层）为传播（连接）的基础技术架构，包括：①互联网交换中心（它是不同电信运营商之间为连通各自网络而建立的集中交换平台，简称 IXP）；②信息传输系统（含陆地电缆、海底电缆、卫星通信即无线通信系统）；③信息交换规则系统（含根服务、域名、IP 地址、协议参数、标识符约公共注册机构等）。

　　平台层为传播（连接）的基础功能架构，包括：社交媒体平台、生活服务平台、资讯分发平台、游戏娱乐平台、操作系统平

① 崔保国，刘金河. 论网络空间中的平台治理［J］. 全球传媒学刊，2020（1）.

台等。如脸书、亚马逊、谷歌、推特、苹果以及百度、阿里巴巴、微信、抖音、今日头条、滴滴、微博等。

应用层（经济和社会层）为传播（连接）的价值变现架构，其中包括对接生产和贸易、经济和社会发展、新闻和媒体、公共部门和税收、物联网、娱乐、教育、金融、医疗、安全等具体应用服务。

电信层提供传播（连接）的技术可供性；平台层提供传播（连接）实现的功能可供性；而应用层则提供传播（连接）变现的价值可供性。

由于平台聚合着海量的用户资源，隔离着媒体与用户之间的通路，传统媒体在渠道失灵甚至中断的状况下日益焦虑起来。自建平台的呼声此起彼伏，不绝于耳。有一种观点极具代表性："没有平台，我们无法变现，面对各种经营业务的下滑，包括用户流失；没有平台，我们无法整合别人的内容，反而我们的内容会被别人拿去变现。我们的主流媒体还能不能实现引导舆论的功能？……所以，在互联网环境下，主流媒体没有自主可控的互联网平台，就解决不了联系群众、服务群众、引导舆论的问题，甚至无法解决自身在社会主义市场经济下，靠自己的规范运营来获得持续发展的造血能力问题。"①

虽然"我们一直在努力"，投入的人力物力不可谓不多，技

① 宋建武. 没有一个主流媒体自主可控的平台，就没有主流媒体的一切！［EB/OL］. https：//www. sohu. com/a/301440423_ 717968.

术和资金也几乎竭尽所能，虽然也有一些可圈可点的成功个案，但到目前为止，就总体而言，基本上没有收获令人满意的成效。反观平台的建设一直在方兴未艾中不断发展和蜕变着，并不像有些人认为的那样寡头独占已将传播市场瓜分完毕——从最初的三大门户网站（新浪、搜狐、网易），到后来的社交平台（微博、微信等），再到基于场景的应用平台（美团、滴滴等），直到近年来风生水起的算法型内容推送平台（今日头条、抖音、快手等），平台建设一直走在推陈出新的路上……

这究竟是为什么呢？这就要具体分析和考察什么是互联网平台，它具有什么样的属性和机制造成党媒不适合成为一个真正意义上的平台呢？

二、网络平台：一个技术为骨骼、商业为灵魂的开放、多元、普适的基础服务平台

什么是网络平台呢？即建立在通信技术（硬件）和连接规则（软件）基础上的网络通用服务。网络平台其实是一个虚拟的平台，是虚拟商店（Virtual Store）的集合，是人们可以把自己的产品、服务或内容放置其上实现资源共享的地方。它是一个多元海量的大市场，谁都可以在符合底线逻辑的基础上免费入驻这个市场，并能依照自己的意愿与他者连接、互动、交流、交换等，但并不能无偿得到有特定指向性的专业服务。

网络平台具有三大特性。

（一）开放性

网络平台是一个以开放逻辑构建起来的世界，从某种意义上也可以说，没有开放就没有平台自身。所谓开放，就是解除封锁、禁令、限制等，在遵守底线规则（比如对于内容的要求就是不违反公序良俗）的基础上允许自由进入。具体地说，网络空间的开放，至少意味着四层含义：首先是对人的开放，其次是对信息的开放，再次是对服务的开放，最后是对商业模式的开放。

（二）多元性

既然人、信息、服务开放了，平台与服务之间，服务与平台之间，平台与平台之间也开放了，那么，多元就成为顺理成章的事情。而文明的进化恰是在异质性加入的情况下发生的"化学变化"。网络的进化也是这样：基于开放性的多元化，促进了网络空间的活跃与生机。过去许多想做而不能做的各种价值变现由此就有了新的空间，新的路径，新的角度，新的组合。于是，经营人口（流量），经营服务，经营技术，经营空间……无数种可能性都有成功的机会，而且各自组合不同、各行其道，反而可以借助于平台"和合相生"。这就是平台开放带来的多样性空间，多样性空间促成网络世界的生机勃勃。

（三）普适性

网络平台的普适性套用孔子"有教无类"的话来说，就叫作：有用无类。平台是给大家的，打个比方说，户外的广场才是平台，自己家的桌子不是平台。一般而言，平台不挑用户，而是用户来挑平台。平台则通过尽可能好的用户体验和尽可能多的有用、可用来吸引更多的用户，并且"黏住"他们。

显然，网络平台及作为其存在形式的平台型媒体是一个以技术为骨骼、以商业为灵魂的开放、多元、普适的基础服务的网络平台，其一般的价值逻辑是：通过某种基础性的功能服务（如搜索、社交、交换等）形成与人、信息（知识）、物（商品和服务）的规模连接，并尽可能地开放连接，形成他们之间的关联与互动，以极大地提升其平台的价值属性（网络世界中通行的法则是：无社交不传播、无社交不价值），以此作为进一步迭代的基础，形成平台内容和服务的扩容与升级，最终造成用户的海量沉淀与习惯性依赖，这就是网络平台的价值所在。

三、无论是传统主流媒体还是新型主流媒体，其作为价值媒体的本质始终没有变

以成为互联网平台作为自己设定的转型目标，既在其内在品性上极不合适，而且在实践操作上也无法实现。

什么是主流媒体？简单地说，主流媒体就是关注社会发展中的主流问题、影响社会中的主流阶层、引领社会主流意识形态的媒体。具体地说，主流媒体要通过其传播在社会管理和发展中实现"塑造社会视野""设置社会议题""进行社会舆论引导"等

方面的价值与功能。

显然，主流媒体是一种价值媒体，尽管在市场经济条件下，任何一种媒体的有效生存发展必须让市场机制在资源配置和社会运作中发挥关键性的作用，但它绝对不是以用户规模最大化及商业利润最大化作为其运作的第一诉求的。一般而言，它更在乎的是其政治价值、文化价值及社会价值的实现，而主要不是商业价值的实现。上述均为中国式的表达，在西方这类媒体则被称为"高级严肃媒体"。

这种"高级严肃媒体"在互联网发展的"上半场"遭遇了其发展历史上的"至暗时刻"。

互联网发展的"上半场"是规模经济模式主导下的流量（即用户）之争，以 BAT（百度、阿里巴巴、腾讯）为代表的互联网公司因其技术的先进、资本市场的强大支持以及市场洞察与操作的灵活等因素略胜一筹，构造起了对于社会各要素的连接与再连接，形成了内容网络、人际网络以及物联的基础性连接；使互联网成为社会生活的基础设施，由此也占据了经济、社会、文化及政治影响力的高地。仅以传播领域而言，基于社交的关系链传播和基于人工智能的算法型内容推送已经占据全部社会性传播的半壁江山。而传统主流媒体因体制的约束、规模的限制、技术的落后以及市场操控能力的迟滞，在这一轮的流量（用户）之争的发展中明显落伍，无论其市场份额还是影响力都大大"缩水"。这就是人们看到的渠道失灵、用户流失以及影响力衰退。因此，党和政府所提出的媒体融合的任务，从根本上说就是旨在解决传统主流媒体影响力衰退、价值使命难以履行的状况。

问题的关键在于，传统主流媒体在向着新型主流媒体的转型目标应该如何设定？是与那些提供互联网基础服务的平台性互联网企业正面竞争，分割出一块属于自己的平台领地，还是以它们（各互联网平台及其他互联网企业）为基础和"可供性"资源，另辟蹊径地完成自己根本性的角色使命？这是一个值得深度思考的问题，其重点在于在复杂性范式的导引下，以生态学的观点去找寻适合自己角色使命的"生态位"。

从以上对互联网平台和主流媒体的不同特质、属性和价值逻辑的分析中可以得出一个明确的结论：这是两种完全不同的媒体类型：前者是要在开放中努力获取规模化和多元化的资源，以其普适的服务来成就自己的商业价值；后者则要在特定的议题、特定的人群和特定的价值目标的引导中实现对社会的整合，形成价值闭环，成就自己的社会价值、文化价值和政治价值。它们无法互相取代，却可以在特定模式下彼此衔接、功能互补，形成叠加效应与价值。

比如八卦绯闻、明星网红、花鸟虫鱼之类的内容，只要在法律法规及公序良俗的底线之上，其需求可以也应该得到合理的满足，对于这类内容的提供与呈现，互联网平台无疑更为适合与擅长，而作为有功能选择和价值使命及文化调性的主流媒体而言，并不合适，也难以"擅长"。平台上以丰富、普适为追求，其资讯与内容海量、多元甚至杂芜；而主流媒体则重在价值引导和社会整合，它们强调"说什么"和"怎么说"。说到底，价值、格调、引导都是包含着强烈的选择意味的，因此，它不可能普适，而是追求社会利益的普惠与长远，以及为未来发展指出提升的方向。

概言之，无论是理论逻辑还是实践操作都已证明：主流媒体以成为互联网平台作为自己设定的转型目标，既在其内在品性上极不合适，也在实践操作上无法实现。

四、提供"To B"服务的新型社会整合者

新型主流媒体作为价值呈现和功能实现的范式需要脱胎换骨的转型。

那么，未来的新型主流媒体应该把自己的价值落点放置于怎样的社会传播的生态位上呢？一直以来，人们坚定地认为，主流媒体是以为社会提供直接的内容生产作为其价值和功能体现的最重要的支撑点。但是今天在传播主体日益多元化、泛众化的发展潮流下，UGC（用户生产内容）、OGC（机构生产内容）、PGC（专业生产内容）已经成为整个社会传播格局中最为活跃和主流的生产力，而MGC（机器生产内容）在5G技术的催生下势必成为内容生产领域的一支生力军，因此，我们必须思考作为主流媒体的功能与价值的站位。更坦率地说，如果主流媒体在未来内容

生产的整体格局中所占的份额只有万分之一、十万分之一、百万分之一的情况下，我们还能说主流媒体的功能与价值是靠为社会提供直接的内容生产来实现的吗？

我想可能需要换一个思路，即从传统的"To C"（直接为用户生产内容）转变为"To B"（从一线的内容生产者的位置上退后一步，转型为内容生产提供支持与价值服务和指导的二线的角色占位）。也就是说，我们要以"To B"的全新形象作为主流媒体的价值与功能角色定位，去完成对那些一线的内容生产者的支撑、引导和创新开拓——这是新型主流媒体在未来传播领域中的一个重要角色。

具体地说，一是为那些参与传播生产的大众群体打造更加便利的传播模板，让他们有更加便利地表达自己、表达内容的标准化模板，而这些模板的提供也恰恰是寓管理于服务之中的未来传播治理的全新方式；二是专业媒体还可以通过内容形式和技术手段的创新、传播边界拓展及传播规则的重构，为整个社会的多元内容生产提供服务；三是在"数据霸权"的时代，当数据已经处于社会运行过程中最为重要的洞察手段和驱动能量的发展阶段上，专业媒体要通过对于数据源的掌控、数据价值的开发以及数据算法的应用，来为整个社会的内容生产提供相应的供需匹配、渠道驱动、场景配置以及评价治理这方面的指导与服务，很显然，在未来的发展格局中，数据会成为整个内容传播，以及整个社会运作中的一个关键性的能源，掌握了数据就等于掌握了传播、掌握了社会的运作，因此，专业媒体、专业媒体人对于数据的把握能力与操作质量是其专业价值得以发挥的关键之所在；四是在一个人人都为自己发出声音的时代，专业媒体和专业媒体工作者还需要承担对整个社会的信息表达、意见表达、情绪表达的总体协同与平衡者的角色。我在十几年以前就讲过，一个负责任的媒体就是当社会情绪出现波动的时候也要起到平衡者的角色："当社会哭的时候不要让社会哭出沮丧，当社会笑的时候不要让社会笑出狂妄。"

研究表明，这样的转型在互联网发展的"下半场"不仅是必要的，而且是可能的。当下传播领域的现实发展的形势意见与互联网发展的"上半场"完全不同了：一方面，随着规模经济临界点的超越，社会连接的初步格局业已构建，BAT 等平台型企业"跑马圈地"式的发展模式已至终结——"线下"生活的"线上"转移，需要更具专业分工的"在地性"资源与力量的协同和参与，仅仅靠互联网公司的"连接力"已经难以承担起"线上"社会生活"加宽""加细""加厚"的任务和要求。在这一新的发展阶段上，BAT 等平台型互联网企业构造自身价值的重点已然不是规模化地将自身做大，而是促成社会的、商业的、文化的及个人的资源与能量在自己已有的粗放型的连接平台上生根发芽、开花结果，换言之，帮助更多的人、更多的企业、更多的机构在自己的平台上获得成功，就是 BAT 平台企业的未来价值发展的方向所在。对于主流媒体而言，在互联网发展的"上半场"所遭遇的问题大多数已经不能称其为问题，比如"流量（用户）流失"的危机在 BAT（或取代 BAT 的其他互联网公司）的平台上已经凸显，换言之，流量不是问题，用户不是问题，你有没有某种专业整合能力才是问题。在这种情形下，主流媒体只要善用"在地性"的优势，"捧着金碗要饭吃"的窘况将一去不复返。

另外，在以 BAT 为代表的互联网平台完成了"连接一切"的初步连接之后，社会生活的进一步加宽、加细、加厚将使得线上生活日益主流化，成为人们社会生活的"主阵地"。因此，仅仅靠互联网平台的"技术逻辑"来进行社会政治、文化与生活的建构已经远远无法适应时代发展的实际要求了，它要求以一种"以人为本"的总逻辑去进行未来社会的线上建构。在此情势下，社会与文明发展的价值逻辑与技术逻辑的整合互动乃至对于技术逻辑的某种意义上的"驯化"便成为新的发展阶段上的突出要求。而主流媒介在文明传承和社会逻辑的洞察方面的优势就会成为这一发展阶段的不可或缺的必要推动力量，甚至是一种"稀缺资源"。这便是传统主流媒体转型为信息主流媒体的未来机会之所在。

五、赋能新型主流媒体影响力发挥的价值基础是赢得人心红利

赢得人心红利的实现路径主要有：一是通过内容服务实现关系资源的整合，掌握圈层和营造粉丝；二是借鉴小程序模式实现基于场景的价值引领。

传统主流媒体如何抓住这一历史机遇转型为新型主流媒体呢？其基本的价值逻辑与市场行动路线图是什么？我们先来看看何者为互联网市场的现实发展中的赋能"发动机"。

曾几何时，赢得流量是互联网市场制胜的第一法则。但是，时过境迁，流量也成为明日黄花。分众传媒创始人江南春在2021开年新作《人心红利》一书中，以他的视角和经验阐释了当前中国互联网市场的全新逻辑：2020年，中国的互联网世界里两个红利结束了：人口红利结束了，很多行业进入存量博弈；流量红利结束了，流量成本持续上升，流量天花板开始出现。由此，他提出："人口红利已经消失，人心的红利正在展开，流量红利已经消失，精神的红利正在展开……"①

为什么呢？因为流量的开源有赖于不断增长的市场规模。当市场的规模化发展进入增长的"天花板"的时候，人们只能将市场发展的重点转向市场的存量博弈。所谓存量博弈，具体到现在的互联网市场，就是从供给侧实施改革——从价值效能较低的、以争取人头（获客）的"流量模式"切换到价值效能很高的、以争取人心的"品牌模式"。以基于互联网的商业售卖为例，元气森林、小仙炖、妙可蓝多等新品牌重新发明了什么吗？没有，但是，通过从同质化到差异化，从制造驱动到品牌驱动，它们在新

---

① 《人心红利》和它背后的诺贝尔奖心理学原理［EB/OL］. http：//m. kans-hangjie. com/Index/Show？catid=3670&id=169626&type=news.

消费这个大背景下，选对了新的方向，锁定了新的赛道，创建了新的品牌，本质是依靠品牌力赢得了新的市场空间和价值变现能力。而品牌力的内核恰恰是直击人心的价值的力量。价值的力量成为互联网市场的核心力量，这无疑是主流媒体作为价值媒体的巨大发展机遇之所在。

因此，掌握了人心红利就意味着掌握了互联网发展的新动能。这就需要我们对已经被"流量思维"严重带偏的传播之道进行重新的思考。以互联网营销为例，几乎每个流量营销者都会告诉你，"做营销"这件事在当下这个时代很简单，只要拥有和购买足够的流量，再加上我们用大量用户数据形成的所谓"精准投放"，就没有你无法达成的营销目标和无法完成的 KPI（关键绩效指标）。从短期来看，这句话并没有问题，但人们是否注意到，这里没有提及品牌。为什么呢？因为流量打造不了品牌。众所周知，流量的本质是注意力，品牌的本质是人心的契合度，注意力只能带来短期刺激，而人心的契合度才能带来持久的关注、选择和依赖。人心比流量更重要。尽管任何品牌都需要流量来帮助实现"触达"，但"唯流量论"则是一种舍本逐末的行为。阿迪达斯曾经公开发表过一个观点，反思他们把过多的预算（超过70%）投入流量营销，而忽视长期品牌建设，最终造成品牌势能下降的损害。①

赢得人心红利的基础是获得关系资源以构建圈层、培养属于

---

① 宋建武. 没有一个主流媒体自主可控的平台，就没有主流媒体的一切！［EB/OL］. https：//www. sohu. com/a/301440423_ 717968.

自己的粉丝。那么，作为以"内容为本"的主流媒体如何获得关系资源呢？我们知道，未来十年、二十年社会及千行百业的"媒介化"再造是时代发展最大的机遇之所在。因此，不要将传媒发展的视野仅仅局限在内容生产与传播的方面，而应当将资源、精力和重点投向"非内容"的社会与行业重构中媒介的角色担当中去。换句话说，在整个传播专业，今天和未来发展面临的巨大任务就是在社会的媒介化进程中，可能要面对过去所不熟悉的、今天日益成为我们专业处理的主逻辑的一个领域，即非内容领域。过去所讲的传播，包括广告传播，都是处理内容的采集、制作、加工、把关和传播，围绕内容本身的传播展开。但社会的媒介化，是用传播逻辑改变社会，创造出千千万万个行业的新业态。如直播带货，是对商业的一种重构，创造出以流量、圈层带动商业的新模式，是一种商业新业态。教育、健康、服务、政府等领域都表现出越来越明显的媒介化重构的态势。在媒介化的进程中，内容的传播所起到的是通过穿针引线、积累关系资源使其成为中介性的连接与黏合的角色。

用传播逻辑来重构社会的过程，我们面临的任务即对非内容传播的社会机制、社会效益，有更多的认识研究及在此基础上的创新应用。这就需要极大地拓展传播专业经验，对非内容的实体产业的媒介化进程，所需的连接性问题、连接性模式、连接性机制，有更多的研究与创新。而说到底，媒体为社会的媒介化所提供的最重要的关键性资源，是关系资源。

　　而关系资源的积累、应用主要是利用内容的传播为激活和形成圈层、社群和社区提供最为关键性的底层关系。如快手所做的内容，不仅仅是做视频内容，而是通过内容穿针引线，激活社会关系，形成社会圈子和社区。这不同于抖音，抖音所致力于的是"做出好内容"，即把好内容通过算法、用户洞察，经过"大浪淘沙"，推荐给用户。而快手则不同，它的流量分配逻辑和算法运作目标，不是，或者主要不是推出"好内容"，而是以内容为媒，激活每个账号参与者的主体意识，让他们感觉到这是"属于我的地盘"，其公域流量的分配是与抖音不同的——抖音只把流量赋予好的内容、优质的内容；而快手则对任何一个发送内容的人都分配至少300+的流量。这个流量分配的算法逻辑是，根据用户彼此之间的职业相关性、年龄相关性、地域相关性、需求与趣味的相关性等社会属性，将他们彼此关联，以内容为媒介进行彼此关系的激活，促进他们之间的交流，进而找到志同道合的伙伴，在彼此的互动点评转发与欣赏中，形成越来越强大的现实强关系的连接，逐渐形成以用户某种特质为连接点的社群关系。以这种社群为基础的社会与行业重构及价值变现的力量是极为巨大的，这一点我们从快手远高于抖音的带货能力就可以略见端倪。有人说，抖音与快手的差异如同当年微博与微信，这是有道理的。

　　概言之，社群关系的建立与精确把握，就是主流媒体在未来社会媒介化进程中，最为需要的关键性的资源。这就是用内容做关系，而不是简单的内容传播本身。

　　那么，对于自属圈层以外的人们如何发挥主流媒体的价值引导力呢？答案是，借鉴无处不在的、有互联网"轻骑兵"之称的"小程序"场景服务模式。

什么是小程序呢？张小龙对小程序的定义是"它是一种不需要下载、安装即可使用的应用，它实现了触手可及的梦想，用户扫一扫或者搜一下就能打开应用，也体现了用完即走的理念，用户不用安装太多应用，即可随处使用，也无须卸载"。"无须安装""触手可及""用完即走""无须卸载"四个特性让小程序发挥作用的方式不同于其他互联网应用，如平台、App等，对于用户而言，它免去了下载和卸载的过程，利用手机扫描二维码后就能与周边产生互动，比如在公交站等公交时，扫一下公交站的二维码就可以看到下一班车什么时候来。而对于互联网服务的提供者而言，它是轻质的——不需要平台建设和App服务那样费钱费力费资源的海量投入；同时它又是渗透性极强、无所不在的——几乎所有应用场景都可以有它的存在。小程序不是互联网平台，也不是App，但它可以连接场景与特定的平台与App的资源，便捷地实现价值变现。①

这个模式值得传统主流媒体变身为新型媒体时作为自己"破圈"价值影响力发挥的借鉴。互联网是以"连接一切"作为自己改造社会的基本逻辑的，平台连接了人们的基本需求、App也部分连接了人们的分类需求，但是社会生活如此丰富，生活场景如此多样，平台和App是"疏而有漏"的，无法全方位覆盖的。因

---

① 喻国明，程思琪. 从"连接"到"场景"：互联网发展的重要进阶［J］. 新闻大学，2018（1）.

此，只有小程序的模式才能实现真正意义的"连接一切"。换言之，在极为丰富多彩的社会生活的服务场景之下，主流媒体影响力的发挥可以不需要通过自属的平台建设和 App 运维加以实现，并能够无处不在、无时不有、无事不能地"在场"发挥其价值影响力。建立人与服务的最短连接路径，这便是小程序作为一项提供即时服务的工具的最大价值——实现了人与物、人与服务在特定场景中的连接。

相比传统互联网时代，以移动互联为特征的人与人、人与物、人与环境的连接日益使网络具有与人的实践半径相匹配的全方位伴随服务的特性。用户的移动作为一个"变量"，让生活、消费和服务的场景丰富而复杂，同时也使得生活和消费的类别、频度和强度大大提升。未来的新型主流媒体如果想要充分挖掘用户场景的价值，就必须实时定义和理解特定场景中的用户，而且能够迅速地找到并推送出与他们需求相适应的内容或服务，实现场景适配。场景适配作为移动互联网服务的核心目标和最终追求，这要求主流媒体必须从空间与环境、实时状态、生活惯性和社交氛围这四大要素入手，充分掌握用户的消费场景和实时需求。

小程序功能的发挥是通过品牌（人心红利）赋能来实现的，一个为人们所信赖的品牌，将成为人们在任何场景下借助和依靠的价值工具。而人心红利的获得是一个复杂的过程，但其操作要点在于：一是要有一个像钉子一样尖锐的定位，能够直指人心并与之实现最大限度的契合；二是需要一个像榔头一样有力的传播工具，将品牌和价值定位的钉子打入用户的内心，这就是以"小程序"为代表的传播模式。

有人说，在互联网的世界里，唯一不变的是变化。这是有道理的：市场是动荡的，人的内心也是动荡的。每天都有无数个新名词出现和消失，人们在无数种诱惑和无数次尝试中迷路。但是，变化重要，不变的东西更重要，大多数人强调变化的重要性，而能够成就社会大局的少数人却得益于他们抓住了不变。就像亚马逊创始人杰夫·贝佐斯说的："我不知道十年以后世界会怎么变，但我知道十年之后什么是不变的。"新型主流媒体应该在传播形态、传播模式、传播逻辑改变的情况下更加专注于那些不变的东西，拥抱变化，让我们不断用新技术、新数据、新算法优化流量效率和连接能力。而这些不变的东西则成为我们社会操作的"定盘星"和"压舱石"，借由这些不变的价值逻辑，进而洞悉社会和人心的本质。人心与流量，平台与新型主流媒体是一个硬币的两个面，彼此协同而不是彼此消灭才能创造更大的价值。

第七章

媒体可供性视角下"四全媒体"产业格局与增长空间

在解构媒介的过程中，我们会发现，媒介形态升级的过程，往往是许多我们已经熟悉的元素或界面的整合，[①] 如互联网整合了音视频与文字，带来了高维度的传播形态，移动媒体整合了传播资源和场景信息，使得个人能够实现物理和数字社会领域的连结。但这些媒介新效能的激活并非只是传播渠道的简单叠加，而是特定的技术属性与用户所处的特定环境在互动之下产生的加成作用。2019 年 1 月，习近平总书记在十九届中央政治局第十二次集体学习时强调："全媒体不断发展，出现了全程媒体、全息媒体、全员媒体、全效媒体，信息无处不在、无所不及、无人不用，

---

① Manovich Lev. *The Language of New Media* ［M］. Cambridge，MA：MIT Press，2001.

导致舆论生态、媒体格局、传播方式发生深刻变化。"① "四全媒体"论是对全新传播格局的总结,是全媒体建设发展的细化纲领,也为媒介研究提供了新的议题:在产业实践层面,新兴媒介技术将触发哪些新媒介效能、新技术如何搭载社会生活并促成受众自主行动,这些问题都有着广阔的研讨空间;在学术理论层面,如何解读全新的传播格局、怎样评估新媒介形态的发展潜力,也亟须更为系统的理论框架建构。

2017年,传播学学者潘忠党率先提到了"可供性(Affordance)"的概念,② 认为这是未来新媒体研究的一个可拓展的方向,其后,学者景义新、沈静进一步探讨了可供性在新媒体传播研究中的理论架构。③ 可供性理论是一个系统的媒介研究框架,不仅可以帮助研究者理解新的媒介现象,而且能评估新的媒介技术、形态、结构的发展潜力。作为一种新的研究视角,我国媒介研究者对可供性理论的探讨尚有可进益的空间。本文试图在梳理媒介可供性理论框架的同时,基于可供性视角分析"四全媒体"建设中的新闻产业新动向与增长空间,以回应全媒体传播时代对总结传播规律与建构学术理论的双重呼唤。

---

① 习近平总书记在中共中央政治局第十二次集体学习时的重要讲话引领媒体融合发展新作为 [EB/OL]. http://cpc.people.com.cn/n1/2019/0127/c419242-30591776.html.

② 潘忠党,刘于思. 以何为"新"?"新媒体"话语中的权力陷阱与研究者的理论自省——潘忠党教授访谈录 [J]. 新闻与传播评论, 2017 (01).

③ 景义新,沈静. 新媒体可供性概念的引入与拓展 [J]. 当代传播, 2019 (01).

一、可供性理论的演进及概念化定义

（一）心理学与可供性关系属性

"可供性"的概念最初是由生态心理学学者詹姆斯·吉布森提出的，用来指生物（或行为主体）在物理环境中潜在的各种行动的可能性，它源自主体对效用的主观感知与技术的客观品质之间的相互作用。[①] 根据吉布森的定义，可供性拥有两个基本的属性，一是客观物质属性，可供性是一种独立于主体感知和经验的行动可能，其存在是客观的，并不会随着主体需求的变化而改变；二是关系属性，吉布森认为主体对环境的理解，是由环境的客观条件和环境提供的促成行动的可能性来共同决定的。因此，虽然可供性是客观的，但主体可能会根据自己的需要感知或关注某些特殊的可供性。

可供性的关系属性可用于解释某种新兴技术与原有组织框架之间的交互关系，因为，它不是孤立地预测某项技术的特性将会带来的影响，而是关注新技术的特性与现有框架的组合能够带来

---

① Gibson, J. J. *The ecological approach to visual perception* ［M］. Hillsdale, NJ: Lawrence Erlbaum, 1986.

哪些进步。① 例如 IBM 公司曾经建立过企业内部的社交媒体——SocialBlue，一个类似于员工版脸书（Facebook）的社交媒体，不仅帮助员工内部建立联系，而且用户可以在上面通过"五级列表"分享观点，从而与其他 IBM 员工展开协作、互相学习。这一模式将社交媒体置于公司架构之中，在员工的特定需求、社交媒体技术属性以及企业关系网络的相互作用下，充分调动了社交媒体的关系可供性，使社交媒体拥有了促成更多元社会行动的潜力，也迸发出了组织内部实现集体协作和创新的可能性。

（二）设计学与可供性感知属性

随着可供性理论的发展，除了用于解释新技术引起的社会和组织的动态变化以外，部分学者开始将这一理论应用于探索新技术与产品设计之间的关系。1988 年，唐纳德·诺曼在其著作《日常事物中的心理学》中讨论了人类感知能力与日常事物设计之间的关系，详述了可供性概念在设计学和人机交互领域（HCI）的应用，将可供性定义为"事物可感知的和实际属性，主要是那些决定事物如何使用的基本属性"。②

诺曼认为，可供性是可感知的，并且可以由用户形成，作为

---

① Leonardi, P. M. When flexible routines meet flexible technologies：Affordance, constraint, and the imbrication of human and material agencies ［J］. *MIS quarterly*, 2011, 35 (1).

② Norman, D. A. *The psychology of everyday things* ［M］. New York, NY：Basic Books, 1988.

设计人员则可以并且应该"指出用户如何与设备交互"。这一概念是在关系可供性的理论基础上演化而成，不仅仅是研究主体如何看待客观事物，更进一步强调了设计人员应该如何设计特定事物或者创造客观环境，以促成用户的特定行动，进而鼓励或约束某些行为。可供性的感知属性，凸显了对"受众"的强调，对技术属性的感知和对环境特征的判断都是以受众为核心。学者盖弗进一步探讨了可供性的感知属性，认为可供性不仅可以被感知，也可以被隐藏，例如在计算机的图形界面下，由图标所代表的功能是一种隐藏的可供性，而当鼠标在图标上悬停时，显示出的图标功能名称则是将可供性显性化了。① 尽管学者对于可供性如何被感知这一具体命题的阐述不同，但在数字媒体和技术行业中，对于可供性的感知框架至今仍然是最广为接受的可供性的操作化定义，② 其对于受众地位的强调也拓宽了可供性理论在解释社会实践中的应用范围。

（三）传播学与可供性信息属性

可供性理论在演变的各个阶段中都与传播密不可分：自然和社会环境的可供性取决于主体对环境特性的独特解码，设计师则试图通过人工制品的可供性向受众传达物品的功能。因此，可供

---

① Gaver, W. W. *Technology affordances* [C]. Proceedings of the SIGCHI conference on Human factors in computing systems. New Orleans, LA, 1991.

② Bucher, T. The algorithmic imaginary: exploring the ordinary affects of Facebook algorithms [J]. *Information, Communication & Society*, 2017, 20 (1).

性理论也被进一步地引入了传播学研究。学者施洛克在 2015 年定义了传播可供性,认为传播可供性是指受众对效用的主观感知与改变传播实践或传播习惯的技术客观品质之间的相互作用。①

传播可供性包括两种实践方式:一是基于传播可供性评估媒体;二是通过传播可供性不断改变传播实践。就可供性对媒体的评估层面来看,可供性不是技术固有的潜力,而是激活特定群体的潜在能力,② 可供性水平越高的媒体,对用户激活的程度就越高,能触发的基于媒介的行动方式就越丰富。这一研究视角是在"技术决定论"③ 和"社会建构主义"④ 的两极之间的制衡,强调了社会、技术与受众之间的微观互动。例如,当下数字媒体的定位功能越来越多地从可见的用户界面(如微博、微信的签到功能和位置标记)转变为更不显眼的方式(如将定位功能融入算法中,通过搜索引擎或者新闻推送传递信息),但受众仍然有权决定是否调动出签到或位置标记这些功能以满足自身的需要,这一进步也为触发更多的场景行动提供了可能性。

---

① Schrock, A. R. Communicative Affordances of Mobile Media: Portability, Availability, Locatability, and Multimediality [J]. *International Journal of Communication*, 2015 (9).

② Majchrzak, A., Faraj, S., Kane, G. C., & Azad, B. The Contradictory Influence of Social Media Affordances on Online Communal Knowledge Sharing [J]. *Journal of Computer-Mediated Communication*, 2013 (19).

③ Durham, P. J. *Two cheers for technological determinism* [C]. Conference on Media Histories: Epistemology, Materiality, Temporality, Columbia University, NY. 2011.

④ MacKenzie, D. *The social shaping of technology: How the refrigerator got its hum* [M]. Milton Keynes, PA: Open University Press, 1985.

就通过可供性改变传播实践层面来看，传播可供性不是单纯关注技术的分类或特征，而是关注着技术对传播实践的形塑作用。可供性也许不会直接创造出受众想要达到的目标，但它们会促成新传播方法以实现这一目标。换言之，传播可供性不仅仅是功能的简单捆绑，也不是技术的更新换代，而是通过新技术创造更丰富的功能，在更高维度上服务于传播实践。例如，在过去，想要通知某则消息是通过寄送书信、张贴海报等方式完成的，但现在只需要在社交网站上发布一条 H5 链接即可轻松达到广而告之的效果，不仅形式图文并茂，而且可以在链接中完成信息搜集、参与报名等工作，为活动组织者和参与者提供了极大便利。但 H5 制作技术的存在目的当然并不仅是为了发布活动通知，技术本身也没有创造出它对活动组织者和参与者的意义。然而当它服务于传播实践时，则成为更简单高效的方法。

二、媒介可供性的理论框架与操作化定义

随着可供性理论在传播学中的应用，越来越多的学者将可供性用于媒介研究。可供性理论与媒介研究的适用性在于可供性视角是一种相对稳定且具有整合力的研究视角，不会受到时间推移的影响，也不会因为新兴媒介技术、新型媒体结构的出现而轻易改变评估框架。比如手机从过去简单的通信设备，发展成为如今的可以接收各种形式信息的移动媒体，但手机的核心可供性却并

没有发生改变，仍然是一种用户日常生活中用于信息交流互动的移动终端，[1] 从这种"交流介质"的属性来看，其研究的框架是稳定的。潘忠党 2017 年提出了媒介可供性，并将其分为信息生产的可供性（production affordances）、社交可供性（social affordances）和移动可供性（mobile affordances）三个部分，这为媒介可供性研究搭建了基本框架（见图 7-1）。由于潘忠党并没有对该理论框架进行进一步阐释，笔者将尝试从实践视角出发，探究这一框架的合理性。

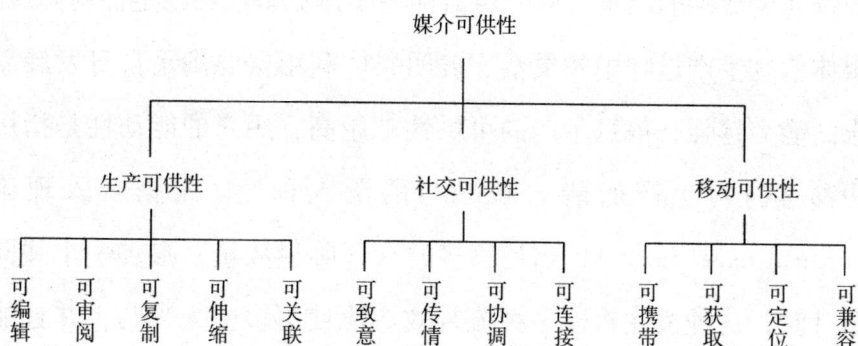

图 7-1 媒介可供性理论框架

（一）生产可供性：媒介灵活性与用户赋能

在媒体信息生产实践中，信息生产可供性主要包括可编辑

---

① Helles, R. Mobile Communication and Intermediality [J]. *Mobile Media & Communication*, 2013, [1 (1)].

(Edit‐ability)、可审阅（Review‐ability）、可复制（Replicability）、可伸缩（Scalability）、可关联（Associability）五个方面。一方面这些特征，可用于解释媒体调动资源的灵活性；另一方面，可以解释用户在信息生产过程中的能动性。媒介灵活性即媒体机构协调各方资源应用于信息生产的能力。媒体组织是否能够灵活地实现内容编辑与审查回顾，能否进行内容搬运并保障内容在不同平台的传播效力，能否延展或收缩信息生产链以应对日益多元的用户需求，能否顺利实现与其他平台的资源共享，都是评估媒介资源调动灵活性的因素。媒介灵活性是媒体竞争性和稳定性的体现，媒体信息生产过程中越灵活，表明媒体利用资源满足自身发展需求的能力越强，信息生产的可供性就越高；用户的能动性是指用户参与内容生产的能力和参与的深入程度。根据众人理论（critical mass theory），当足够多的人（临界数量）参加一个共同事件时，这种关注将以一种流行效应驱使更多的人参与，并且能够帮助参与者判断原始内容的本质，[①] 因此，在信息生产过程中，媒体能够在多大范围内号召用户参与内容生产编辑和审查搬运，又在多大程度上赋予用户自由度，使用户能够利用媒体信息满足自身需求，通过媒体平台关联其他内容或其他用户，这些因素不仅是媒体影响力的体现，更是通过用户参与信息生产，进而促成更大范围内行动可能性的体现。用户被赋能越深、信息生产铺开

---

① Schelling T. C. Dynamic models of segregation [J]. *Journal of mathematical sociology*, 1971, 1 (2).

的范围越广，信息生产的可供性就越强，媒体发展的潜力也就越大。

（二）社交可供性：信息的社交标签与情感属性

社交可供性包含可致意（Greet-ability）、可传情（Emotion-ability），可协调（Coordinate-ability）和可连接（Connect-ability）四个方面。在如今的信息生产趋势下，新闻内容与非新闻内容之间的界限愈发模糊，媒体的任务也不再局限于生产新闻内容，而是进入了更为全面的"泛内容"时代，这些内容与其说是对新鲜事物的播报，不如说是源于现实世界的投射，而内容本身也愈发体现出现实社会中的情感属性和社交属性。因此，在评估媒介技术和媒体平台的社交可供性时，尤其强调其调动情感表达和反应社会关系网络的能力。其中，可致意与可传情是媒介调动情感表达的能力：可致意是指用户通过媒介表意，建立联系、表达心意的能力；可传情是指用户通过媒介示情的能力，用于评估媒介是否提供了情感表达的渠道，是否具有丰富的表达方式。可协调与可连接则是通过媒体呈现与构建社会关系网络的能力：可协调是在指信息网络中，通过媒介协调调动多个组件促成信息网络协同运行的能力；可连接是通过媒介建立社会网连接的能力，在如今的传播形态中，尤其表现为打破基于血缘关系的熟人社会，而形成更多基于地缘、趣缘、业缘关系网络的部落化、群属化的"新熟人社会"关系网络的能力。① 媒介的社交可供性越强，用户利用媒介传情致意和构建关联的可能性就越大，媒介对用户激活的程度也就越高。

（三）移动可供性：媒介场景转向与智能驱动

媒体的移动可供性包括可携带（Portability）、可获取（Availability），可定位（Locatability）和可兼容（Multimediality）四个方面。可携带是受众对媒体终端物理特性的感知和评估，决定了不同终端适用于不同的地方和情景，例如，屏幕更大的电脑适合在工作单位使用，但人们在通勤时往往会选择更为轻便的手机获取资讯；可获取性是指目标对象利用移动媒介获取信息的可能性，虽然从理论上来看，这并不难实现，但在实际情况中，信息推送的频度与推送方式、受众搜索意愿与搜索渠道等因素都可能影响可获取性；可定位是指基于位置信息而建立的受众、信息与情景之间的互动关系，基于位置的服务（LBS：Location - based service）和移动社交网络（Locative and mobile social networks）为用户提供了多种利用定位功能的方式；可兼容是指媒介设备的多媒体性，传统传播方式中，文字、声音与图像的传播是不同渠道各司其职的，如今，移动设备越发轻巧便携，人们只需要携带一个简单的智能手机，就能进行新闻的采编、播发和访问、分享。

---

① 赵睿，喻国明."赛博格时代"的新闻模式：理论逻辑与行动路线图——基于对话机器人在传媒业应用的现状考察与未来分析［J］. 当代传播，2017（2）.

媒介移动可供性是信息生产与信息消费模式"场景化"转向的体现，基于场景信息的数据采集与集成愈发成为主流；与此同时，智能化技术浪潮也驱动着媒介移动可供性的提升，增强现实（AR）、虚拟现实（VR）、可移动穿戴设备（MR）等智能设备的日渐普及，不仅提升了设备的便携性与易得性，也提升了定位的精准度和设备的多媒体属性，使得媒介移动可供性日益增长。

三、媒介可供性框架与我国"四全媒体"建设进程

媒介可供性不是一个孤立的理论框架，在我国全媒体传播格局建构的过程中，可供性框架有着广泛的应用前景。"四全媒体"（全程媒体、全息媒体、全员媒体、全效媒体）的表述是对媒介融合纵深的发展大势的总结，为探索全媒体产业生态指明了方向，而在新闻产业实践中，对"四全媒体"的打造过程正是一个媒体可供性不断提升的过程，基于媒体可供性框架解读我国"四全媒体"建设实践与未来发展的可能进路，也将有助于把握媒介融合规律，发现媒介价值增长的新节点。

（一）全程媒体："直播态"新闻生产延伸传统媒介效能

全程媒体是指在新闻报道中，媒体可以同步跟进、记录、播报新闻生产的全过程，实现"直播态"的信息采集、编审和发布。全程媒体的构想基于国内外"移动新闻"的广泛实践。移动

新闻通常被称为"mojo"（mobile journalism），是指记者完全依靠智能手机和平板电脑等小型移动设备，为社交媒体、广播和其他媒体制作和编辑音频、视频、照片和多媒体故事，从而生产和出版新闻。① 最早将移动新闻付诸实践的媒体组织是美国甘耐特报业集团，自 2005 年起，美国甘耐特报业集团开始为记者配备移动工具包，包括笔记本电脑、数码相机、网线和无线网卡，保证记者可以随时随地传输报道。对此，甘耐特的管理层信奉"越未加工的就是越好的"，因为这样读者可以跟随移动记者一起，不断建构报道，过去读者只能在最终发布的报道中看到的新闻，现在，则有机会在新闻形成的过程中就看到它的全貌。

而随着携带方便又兼具多媒体特性的移动设备的进一步普及，以及基于云技术、移动终端的支持平台的完善，媒体设备可携带、可获取、可兼容的可供性进步迅猛，全面基于采编场景的"行进式报道"和"现场新闻"成为可能。2017 年，新华社推出服务于全国媒体的"现场云"平台，"现场云"提供了基于移动端口的实时采编发功能，将新闻生产的整个流程搬至线上，入驻的媒体机构只需要使用 App 就可在线即采即编，编辑部即收即审，大大提升了信息生产可编辑、可审阅的可供性，最大限度地做到了新闻与现场同步。在传统采编作业中，只有广电直播可以实现实时播报，而"现场云"却延伸了传统媒体的效能，让各形态新闻报

---

① Mojo Working [EB/OL]. https://www. writersdigest. com/writing-articles/by-writing-goal/get-published-sell-my-work/mojo_ working.

道的"直播态"生产都成为可能，这是打造全程媒体的有益尝试。

（二）全息媒体：物联网+5G 重新定义媒介技术尺度

全息媒体是指在媒介技术尺度上打破物理世界与数字化领域之间的隔阂，在媒介产品的呈现形式上，做到立体式、环绕式、还原式的传播。2018 年 10 月，信息技术咨询公司 Gartner 发布了 2019 年十大战略科技发展趋势报告，认为现实实体世界与数字化信息领域是一个相互投射的两面，通过两者之间的相互连接与激活，最终数字化世界将成为现实世界的"数字双胞胎"。[①] 全息媒体就是通过丰富媒介技术手段，提升媒体可定位、可协调、可关联、可兼容的可供性，尽可能地为受众还原物理社会真实形态的一种探索。

一方面，基于物联网传感器的信息采集应用将可采集的信息范围扩展至社会生活的方方面面，在"万物皆媒"时代，对社会环境的监测已经达到全天候与全方位。来自物联网传感器的数据也为寻找新闻选题提供了新的进路和手段；[②] 另一方面，5G 传播技术的迭兴重构了媒介生态，网络不再是选择性、分离式、粗线

---

① Gartner. Top 10 Strategic Technology Trends for2019 ［EB/OL］. https：//www. gartner. com/en/newsroom/press-releases/2018-10-15-gartner-identifies-the-top -10-strategic-technology-trends-for-2019.
② 彭兰. 智能时代的新内容革命 ［J］. 国际新闻界，2018（6）.

条的连接，而是承载了社会万物之间的精细化互联互通，① 5G 的超高接入速率也使数字信息产品对真实世界的还原达到极精细和极实时的级别，加之 VR、AR、MR 等丰富的呈现手段，使得物理世界与数字世界之间信息传输的失真误差减少，实现了内容产品的全方位和多角度同步呈现。在 2019 年全国两会报道期间，部分会场地区已经实现了 5G 信号覆盖，以中央广播电视总台为代表的媒体尝试以 "5G+4K+VR" 的模式组织报道，全景实时高清还原两会现场。这一模式也为新闻产业模式升级带来了更多可能性。

（三）全员媒体：智能传媒时代的信息社会化生产

全员媒体是指信息生产的参与者不再局限于新闻专业生产人员，信息生产进入社会化时代。智能化信息生产模式使得媒体可编辑、可审阅、可复制的可供性增强。智能手机的普及带来了采集信息成本的显著降低，而智能应用则使得内容的专业化编辑成为可能。例如 Wochit、Wibbitz 等智能视频剪辑平台可以利用 AI 识别和生成视频内容，对视频进行自动剪辑，显著缩短视频剪辑制作的时间，使受众进行专业化内容生产的技术门槛降低。学者用 "移动媒体生活"② 来描述庞大受众使用便携移动设备，在各种地理位置和情境上生产或消费媒体文本的现状，认为在智能化

---

① 喻国明. 5G 时代传媒发展的机遇和要义 [J]. 新闻与写作，2019（3）.

② Westlund, O., Bjur, J. *Mobile news life of young*: *Mobile media practices, presence and politics. The challenge of being seamlessly mobile* [M]. Routledge, 2013: 180-197.

信息生产时代，受众参与信息生产已经不是一种选择，而是一种生活状态，"全民皆媒"的时代正在逐渐到来。

与此同时，全员媒体的要义不仅在于全民参与生产，更在于通过智能算法，不断提升可连接、可关联的可供性，从而构建线上全民关系网络。在过去的传播过程中，用户可以看到他们个人与信息的关联，但无法窥见其他人与信息的连接。相比之下，智能化算法规则下的推荐、分发与互动机制则可以让用户清楚地查看人与人、人与内容、内容与内容之间相互连接的信息链全貌，海量 UGC（用户集成内容）内容汇入的入口不再是媒体资讯端，而是内容型社交网络平台。① 例如今日头条推出的抖音 App，表面上主打功能是 UGC 模式下的内容生产，但是其智能推荐、关注、留言、互动等功能，为这款产品打上了社交的标签，也更大程度地调动了用户积极性，促成了全员参与、全员建构的社会化内容生产。

（四）全效媒体：效率、效果与效能的一体优化

首先，全效媒体是一个综合性概念，指在发展新兴媒介技术、探寻全新媒体组织架构时，要合理组合利用现有资源，达到传输效率、传播效果、传媒效能三位一体的最优化。首先，传输效率优化要求铺建更为流畅的渠道通路，对目标对象更为精准化地定

① 从智能推荐走向智能社交，今日头条的智能社交有多大胜算？［EB/OL］. http://www. woshipm. com/it/859727. html.

位与区分，是媒体可伸缩性的体现。从 2019 年起，一些新闻记者主动使用 Vlog 形式进行新闻报道，正是一种延展新闻生产链来吸引受众的尝试。Vlog 报道内容更加鲜活，投放渠道更广，对受众的吸引也更直接，很好地做到了优化新闻传输效率。

其次，传播效果优化需要把握受众心理，提供入眼入心的好内容，这是对媒体可致意、可传情的要求。以我国基层融媒体建设进程为例，2018 年 8 月，中央首次提出"县级融媒体中心"建设并展开了一系列部署。然而，农村群众对于信息消费有其自身的偏好，快手短视频 App，趣头条资讯 App 等因聚合了大量"土味"文化产品，所以其应用在农村受众中更为流行，① 因此，在推进基层融媒体建设，面向基层群众传播时，只有尊重受众偏好，注重贴近受众生活的文化元素和情感表达，积极为受众构建致意传情的信息通路，才能真正将传播效果发挥到最大化。

最后，传媒效能最优化则是指不能再单一地打造内容，而是要将内容搭载于功能上，提供综合性信息服务，这是对媒体可协调、可连接的可供性性能的彰显。在我国媒介融合进程中，一些媒体集团已经对此进行了探究，比如浙江报业集团推行"新闻+政务+服务"并行，建设以政务、服务为核心的智慧服务生态体系。随着技术与社会生活的交织日渐深入，"智能空间"成为对传媒效能优化的一种终极构想，智能空间描述的是在特定空间区

---

① 李彪. 县级融媒体中心建设：发展模式、关键环节与路径选择［J］. 编辑之友，2019（3）.

域内一种社会生活和技术支持协调连通，交互共生的状态。智能空间中的信息传播也将转向为基于生活场景应用的传播，无人驾驶汽车、智能家居、智慧城市等场景都将成为信息传播的搭载渠道，这也将最大限度地拓宽媒体效能，使新闻与场景碰撞出更多的可能性。

表7-1 "四全媒体"媒介可供性的构成

全程媒体	全息媒体	全员媒体	全效媒体
可携带	可定位	可编辑	可伸缩
可获取	可协调	可审阅	可致意
可兼容	可关联	可复制	可传情
可编辑	可兼容	可连接	可协调
可审阅		可关联	可连接

四、可供性标准下未来媒体产业增长空间

（一）媒介融合必须提升而非降低媒体可供性

在《联盟：互联网时代的人才变革》一书中，作者里德·霍夫曼提到了可扩展性（Scalable）作业和不可扩展性（Non-Scalable）作业①的区别：传统按照工作时长或总量获得报酬的作业是

———————

① 里德·霍夫曼，本·卡斯诺查，克里斯·叶. 联盟：互联网时代的人才变革 [M]. 北京：中信出版社，2015.

不可扩展的，因为工作时间和精力总有上限，回报被限定了天花板；相比之下，可扩展的作业可以在不增加劳动力和时间的情况下获得更多的收入，例如，一个作家出版了一本书之后，在书的售卖过程中，他不需要继续付出同样的劳动就能获得酬劳。

新闻生产的理想状态是成为一种可扩展性作业，让新闻内容在传递分发的过程中不断增值，且不需要媒体付出额外劳动。但在如今媒体融合的实践中，大量媒体机构在媒体融合探索中进行的却是不可扩展作业，具体表现为每当一个新平台兴起，传统媒体就一哄而上地在新平台上开设官方账号，但媒体影响力却没有得到本质提升。这种误区正是只注重铺开的面积，不注重融合深度的结果。高效的媒介融合不仅是体量上的增加，更应该是媒介可供性不断提升的自然结果。媒介融合必须是一个提升媒体可供性的过程，只有如此，才能将媒体从内容生产到分发的各环节全面转向可扩展作业，节约生产成本的同时最大化媒体的收益和影响力。

（二）"线上"世界的建构是未来媒介主要增长空间

正如前文所述，未来信息化发展的大趋势是物理世界与数字世界的高度交互，各大产业对场景资源的建构与利用已经体现了这一社会生活由"线下"向"线上"转移的趋势。① 而当前在技

---

① 喻国明. 智能时代的传播逻辑：着眼点与着手处［J］. 教育传媒研究，2019（3）.

术浪潮冲击下的过渡阶段意味着重新洗牌的过程，未来谁尽可能多地掌握了数据汇总的中枢系统，谁就掌握了话语权，也就拥有了线上社会最广阔的增长空间。媒体产业作为信息缔造者，本身已经对社会生活具有强大的渗透力，5G、物联网、云计算、区块链等新兴技术也已经投入到新闻生产的使用中，但不同技术增进媒介效能的潜力和路径却不尽相同。因此，在由"线下"向"线上"转移的中场阶段，媒体当前的重要任务：一是探索新技术为媒体增进的可供性的进路，突破当前媒介融合困境；二是借由可供性框架评估新兴媒介技术和全新媒体组织形式的发展潜力，寻找自身在线上世界中的价值节点，争取在中场阶段抓住先机，走向更为广阔的未来市场。

第八章

平台型媒体在非传统安全语境下重建社会认同的关键和路径

以新型冠状病毒肺炎疫情（简称新冠肺炎疫情）等大规模流行性疾病为代表的公共健康问题是非传统安全问题的主要类型之一，从非典型肺炎疫情到新冠肺炎疫情，人类社会中非传统安全问题的爆发成为值得关注的现象，因此，从实践出发对非传统安全语境下的相关问题进行反思也成为重要议题。

非传统安全是相对于传统安全而言的一种安全观，关注的是易被传统安全所忽视的非军事威胁。在概念认识上，即是指"非国家的行为体对于国家安全、人民群众生存和发展安全造成的非军事侵害"。① 从新闻传播的角度来看，新冠肺炎疫情作为偶发性的重大非传统安全问题，其本身就极具新闻性，成为挑动社会情绪、考验媒体公信力、影响国际舆论的特殊新闻事件。

---

① 曾润喜，陈创. 基于非传统安全视角的网络舆情演化机理与智慧治理方略 [J]. 现代情报，2018［38（11）］.

一、平台型媒体成为非传统安全语境下的重要信息传播平台

在此次新冠肺炎疫情的信息传播过程中，平台型媒体发挥的重要作用可见一斑。平台型媒体是一种既拥有媒体的专业编辑权威性，又拥有面向用户平台所特有开放性的数字内容实体。简言之，平台型媒体上有各种规则、服务和平衡的力量，并面向所有的内容提供者和服务提供者开放，以其去中心化和开放连接等特征重构当下的信息传播生态。[①] 本文探讨的平台型媒体包括但不仅限于大家熟知的各类社交媒体平台、资讯分发平台和视频分享平台，如微信、微博、今日头条、抖音短视频等。非传统安全问题具有不同于传统安全问题的特点，其相关信息的产消也因此呈现出不同于常态化社会的传播模式，而平台型媒体上的信息传播模式可以很好地与之契合，因此，可以作为非传统安全问题相关信息传播的重要平台，很好地发挥信息告知、环境监测和社会协调等作用。

首先，根据马斯洛需求层次理论，个体本就有寻求安全需求得以满足的需要。而非传统安全将视角由宏观的国家转移到微观的片区，关注个体安全是其区别于传统安全的关键标志，[②] 这就

---

① 喻国明，焦建，张鑫."平台型媒体"的缘起、理论与操作关键［J］.中国人民大学学报，2015［29（6）］.

② 曹海军.非传统安全视角下网络舆情治理困境及其消解［J］.河南社会科学，2019［27（8）］.

使得精准地识别和响应个体需求在非传统安全语境下显得更为迫切。平台型媒体恰恰可以凭借渠道和技术等方面的优势，通过个性定制、精准推荐、及时响应等更有效地满足个体对安全的认知需求。

其次，非传统安全问题更多是根植于社会体制、发作于国家内部的，有着深刻的体制性和结构性根源。① 就黑天鹅事件——新冠肺炎疫情来说，也能从人类社会发展和社会体制内找到一些端倪，环境本身、人与环境的关系、人与动物的关系的改变都为潜藏在自然中的病毒扩散到人类社会埋下了隐患，这也是未来人类群体中可能再次爆发重大疫情的潜伏因素。而作为信息的整合者和社会的服务者的平台型媒体，首先就是一个基本的资源整合型的开放式平台，能够实现信息的有效存储、智能整合、快速检索等功能，② 可以为此类非传统安全问题的前期预警、经验积累、问题解决提供重要的参考信息。

此外，非传统安全问题造成的威胁是不可预期的，具有爆炸性、偶然性、恐怖性、心理可传染性等一系列社会特点，③ 个体可以从现实环境中直接感知到非传统安全问题造成的威胁，还包

---

① 吴喜，杜泽其. 媒体传播与非传统安全共生关系探析 [J]. 西南民族大学学报（人文社科版），2020 [41（1）].
② 喻国明，何健，叶子. 平台型媒体的生成路径与发展战略——基于 Web3.0 逻辑视角的分析与考察 [J]. 新闻与写作，2016（4）.
③ 周庆安. 非传统安全下的对外传播新特征 [J]. 对外传播，2012（4）.

括通过媒介环境而"拟态"地感知。① 随着平台型媒体在人们生活场景中融入度的提高和平台上用户数的增长，平台型媒体逐步渗透到人类社会中，构建起了新型的传播生态，其上的大量信息建构起了现代社会中人们无法逃避的生活世界。人们生活在平台型媒体建构起来的拟态环境中，对现实环境的感知就难免受到其造成的深刻影响。换言之，平台型媒体已经成为包括非传统安全问题在内的社会问题的重要演变场域，成为个体感知非传统安全威胁的重要来源。

新冠肺炎疫情期间，传统媒体及其新媒体平台再次受到瞩目，重新获得了活力，凸显了非传统安全语境下公众对传统媒体的认可或期待。② 而后起的社交媒体平台也成为人们在疫情期间获取信息的重要渠道，其作为社会信息传播的大流量平台的地位依旧显著。同时，社交连接相对较弱的短视频分享平台、资讯分发平台等也在疫情信息传播中起到了重要的补充作用。但各类平台型媒体在非传统安全语境下对信息生产和传播起到重要推动作用的同时，也暴露出了其在非常态社会下面临的结构性问题。

---

① 黄劼，余潇枫. 泛传播安全：一种非传统安全的视角 [J]. 中国广播电视学刊，2010（7）.

② 彭兰. 我们需要建构什么样的公共信息传播？——对新冠疫情期间新媒体传播的反思 [J]. 新闻界，2020（5）.

二、非传统安全语境下，平台型媒体上认同危机的产生和演变

平台型媒体面对和承载的信息传播者、接收者、传播渠道、效果反馈以及信息内容都是海量庞杂的，需要搭建起合理的配置、运行和发展规则来实现功能的优化。过去，信息超载是信息传播中的一大问题，也是人们在使用平台型媒体的过程中存在的困扰。在之后很长的时间内，我们仍然需要与信息超载共处，但在此背景下还不可避免地会遭遇新的问题，如今，一种关系超载的压力感、失控感和不安感正向我们袭来。在非传统安全语境下，关系超载正以高于常态化社会下的强度增加着人们的心理负荷，侵入着个体的私人空间，进而解构和重构着社会认同。

社会认同是从社会心理学层面对群体行为和群体关系展开的研究，简单来说，个体首先会通过社会分类确定群体边界和自己的群体资格，再通过社会比较明确群体间差异，进而建立社会认同，之后，再由个体的社会认同过渡到社会结构层次上的变化，社会认同的解构与社会重构也将随之发生。当然，这仅仅是对社会认同的假设与过程进行的简单描述，并不能完全展示社会认同理论的丰硕研究成果和复杂性。① 但这一过程中涉及的社会分类、社会比较、社会结构、社会认同化与认同解构等核心观念可以作

---

① 谢熠，罗玮. 社会认同研究理论成果与最新特点 [J]. 社会心理科学，2015 [30 (2)].

为思考认同危机产生和演变的几个重要面向。

（一）在社会分类体系愈加复杂多样的背景下，人和人又不得不处在时刻"被连接"的新时空中，这使得本不可能发生的社会撕裂发生了

自钟南山院士在接受央视采访时表示新冠病毒"肯定人传人"后，人与人之间的隔离成了阻隔病毒在人与人之间传播的有力措施。人们被迫居家隔离，但线下地隔离在无形中使得人们对网络的依赖进一步加强，人们需要在线上获取信息和进行沟通交流的频率、时长大幅提高。这也说明，在非传统安全问题爆发时，人们会大量、短时地聚集到平台型媒体上，围绕非传统安全问题及其相关信息形成更紧密的连接。

但在平台型媒体上，个体又存在明显的社会分类和社会比较现象。一方面，人们会自动地将事物甚至自己的身份进行分门别类，归入不同的群体，并进行敌我、内外的区分；另一方面，平台型媒体上的用户也不得不接受被动的分类和比较，平台上的用户标签和等级区分就是这种社会分类、社会比较机制的体现。在社会系统不断被分解成新的社会要素、各种社会关系被分割重组形成新的结构的背景下，更丰富多样的群体产生了，而线上连接的增强又迫使不同群体间的壁垒被突然地、强制地打破，交流的可能由无到有，交流的强度由弱变强。

例如，微信在新冠肺炎疫情期间既是人们以往熟悉的进行关

系维护、社会交往和情感交流的平台，也成为人们获取疫情相关的公共信息、发生观点表达和碰撞的重要场域。不同于依托算法进行内容分发的平台机制，微信用一种更亲密的方式——关系链来传播信息，让用户看到更多内容的同时产生更多的互动。但微信上人们价值观和身份地位等各方面的差异在强连接关系上被放大了，不同圈层的人都聚焦在新冠肺炎疫情的话题之下展开交流，由此引发了许多本不会发生的冲突和撕裂，使得微信群和朋友圈里各种拉黑和骂战随处可见。

（二）随着群体间的信息流动不断增强，强调信息实用性和到达效率的同时容易忽视共同意义的维系，导致情感共鸣的缺失和社会情绪传染

提供消除不确定性的信息是平台建构影响力的关键之一，①尤其是在非传统安全语境下，平台型媒体更需要积极通过信息整合、实时更新、信息多媒体化加工等方式，以满足人们消除不确定性和寻求个体安全感的需求。但对能够消除环境不确定性、维护社会稳定的实用性信息的推崇，很可能使得平台型媒体在追求信息共享和流动效率的同时，面临能够稳定社会情绪、实现情感共鸣的信息的匮乏，导致共同意义的缺失。

在非传统安全语境下，人们对信息实用性和到达效率的要求

---

① 喻国明，耿晓梦. 未来传播视野下内容范式的三个价值维度——对于传播学一个元概念的探析 [J]. 新闻大学，2020（3）.

比在常态化社会下更高。但非传统安全问题又往往会涉及众多新兴且复杂的领域，其造成的威胁也较难被准确描述和预测，因此，相关信息有很强的内在局限性和不完备性，包含着许多不确定性。这也是为什么非传统安全事件爆发时，谣言、假新闻等不确定性信息会有大量滋生和快速传播的空间，也可以解释为什么关于非传统安全问题的观点往往难以统一，常常呈现出众说纷纭的态势。

非传统安全问题相关信息的复杂和真假难辨为平台上的信息传播模式带来了新的阻碍，而这些不确定性信息又将对受众造成极大的负面影响，尤其在受众的情绪方面作用突出。因为非传统安全问题的突发本就打乱了人们的正常生活秩序，又因其具有心理可传染性、恐惧性等特征，进而将导致一系列的社会问题和心理问题，而相关的不确定性信息则进一步加剧了可能的负面影响。

（三）在去中心化的网络社会中，平台型媒体上的社会结构也遭遇了变革，使得其上的认同样态进一步由中心辐射式转向圈层离散式

网络社会是一个以虚拟技术和流动关系为基本特征的网状社会，过去较为稳定的社会认同正在遭遇去本质和去中心化的技术悖论。网络社会的技术逻辑正在重构传统的宏大叙事结构的认同样态，使虚拟空间中的民族国家认同由聚合式的中心辐射走向圈

层化的离散。① 平台型媒体诞生于网络社会，因此，其上的认同样态自然地沿袭了这一演变趋势，而且随着平台型媒体圈层化现象的加剧，这种演变趋势更加明显，并在非传统问题爆发的催化作用下进一步加速演变的进程。

对于平台型媒体来说，延续常态化社会下的认同机制和样态可能会强化非传统安全语境下的社会圈层化效应，使得社会分裂和冲突加剧。这种彼此隔绝的圈层所形成的"硬壳"不仅会使外来信息难以进入，包括主流意识形态也会难以触及各个圈层的群体，也就更谈不上有效的影响和引导了。② 因此，在社会环境、群体关系和价值维度遭遇变革的背景下，平台型媒体上的认同机制和样态更加迫切地需要做出调整和改变。

此外，非传统安全问题已上升到了国家安全层级的重大问题，因此，不可避免地成为影响各国安全的跨国性问题。建构主义安全观作为安全研究的三大范式之一，注重的是以认同为核心安全变量的"规范建构"与"制度建设"。在跨国性的非传统安全问题语境下，建构主义安全范式要求世界各国在国际交往中秉持共同的价值尺度和理性准则。各国间共享安全状态的实现要求各国都要共担责任，要以全人类的共同价值为基础，超越传统以单个国家为中心的国际交往模式，以共同体的视角处理国家间关系与

① 吴志远. 离散的认同：网络社会中现代认同重构的技术逻辑［J］. 国际新闻界，2018［40（11）］.
② 喻国明. 重拾信任：后疫情时代传播治理的难点、构建与关键［J］. 新闻界，2020（5）.

全球性安全问题①。因此，也有必要在全球化语境下，探索新的认同机制和样态。

三、以技术逻辑、信息流动和价值维度的链路重建认同

（一）反思技术逻辑：以适度的"反连接"思维构建合理的社会分类机制

谈及平台的底层技术逻辑时，其实关注的是"连接"的问题。连接是互联网的一个内在法则，这既包括人与内容的连接，也包括人与人的连接，而人与人的连接才是核心和基础。不同时期，互联网上需要有不同的连接模式以在不同方向上满足人们的社会关系需求。② 在非传统安全问题爆发时，人们在互联网上获取信息的时间更多，在互联网上的社交行为更加频繁，人与人的线上连接也变得更加紧密。此时，基于某些情境的适度不连接或反连接思维就变得必要。

让人与人的连接变得更稠密和丰盈已成为当前许多平台型媒体的目标之一，而这种连接还意味着要能实现不同圈层间有效地交流互动。当个体认为群体之间的边界是固定的和不可通透的，

---

① 陈玉梅，付欢. 中国非传统安全研究的进展及难题——基于 Citespace 的知识图谱量化分析 [J]. 现代国际关系，2019 (6).
② 彭兰. 连接与反连接：互联网法则的摇摆 [J]. 国际新闻界，2019 [41 (02)].

个体感到难以从一个地位低的群体进入到地位高的群体，社会流动性很低时，就会产生变革社会的集体行动，这在非传统安全语境下是极其危险的，会进一步打乱本就混乱的社会秩序。需要意识到，圈层化的存在本就不是为了加强群体间社会阶层、价值观、立场、文化等的隔阂和分裂，相反地，在圈层化的背景下要让不同群体间进行适度流动、达成有效交流，才能有助于社会回归稳定状态。

从技术提供的可能性来看，如今人与人之间已经到达了前所未有的连接程度，但是技术上不断强化的连接却并不意味着人们真正打破了既有的圈层区隔。[①] 这说明仅仅依靠媒介技术来实现人与人之间、不同群体之间简单化的无时无刻地连接，是远远不够的。平台上各个群体间的边界要具有通透性，个体可以在各群体之间流动，这就要求平台型媒体要构建合理的、灵活的社会分类机制，以维护平台上社会结构的稳定。

（二）转换内容维度：和不确定性信息共处的同时实现情感和意义的"涌现"

人类社会本质上是一个充满非线性与不确定性、脆弱性与风险性的复杂性社会，风险是社会作为系统所具有的一种客观实在，

---

① 彭兰. 我们需要建构什么样的公共信息传播？——对新冠疫情期间新媒体传播的反思 [J]. 新闻界，2020 (5).

风险生存成为人们生活的主要逻辑。① 非传统安全问题的存在让社会风险变得更加不确定，如今我们要学会跟不确定性相处和共存。从此次新冠肺炎疫情相关的信息内容中可以发现，平台型媒体把直接删除不确定性信息作为一种主要处理方式，使得不确定性信息的价值被忽视和简单化处理了。面对非传统安全问题相关的不确定性信息，我们应重新考量其价值所在，并转换对其的处理方式。

非传统安全语境下，平台型媒体应该有一定的信息容错性，即应该开辟让不确定性信息生产和传播的空间，因为这些信息的传播可能在短时间内会造成一些负面效果，但是从长期来看却可能是利大于弊的。非传统安全问题爆发时，我们一旦有所发现就需要及时向社会和公众传递警示信息，因为如果未能及时做出警示或苦等科学证据的充分获得，公众就难以做好思想准备，这就有可能给人民生命健康造成更大损失。

面对不确定性信息，自组织是平台型媒体上得以消除信息不确定性的一股重要力量。自组织的方式挖掘和汇集了每个人处理信息的能力，在自组织力量的调动下每个人处理信息的能力变成整个集体处理信息的能力，并且个体组合之后的能力是高于个体能力总和的，只有这样才能出现"涌现"。一方面，群体的能力、彼此的信任、责任与担当是实现信息涌现的内在动因，基于这些

---

① 范如国."全球风险社会"治理：复杂性范式与中国参与 [J]. 中国社会科学，2017（2）.

内在动因建立起的自组织会更容易形成集体认同感和归属感，可以更好地通过集体氛围引发情感共鸣；另一方面，平台上的开源软件、去中心化的协作方式、社群分享、在线共享文档等技术是信息得以实现涌现并彰显力量的外部条件。信息技术全方位、多角度冲击着社会生活各个层面，平台型媒体通过使用各种有效的手段和工具可以将信息更好地集合在一起，通过技术来赋能信息的处理、加工和整合，进而生成新的有机信息集合体，最终在已有的信息基础上实现信息增值和信息共享。

（三）强化价值导向：通过微型公众的协商民主达成理性对话、塑造基本共识，增强圈层的向心力

对平台型媒体来说，处理认同危机问题、实现共同体的建构需要让个体间、群体间达到理性对话的状态，如在新冠肺炎疫情等公共健康问题上达成必要的基本共识。

英国社会学者鲍曼认为，构建公共领域能够使个体与共同体、自由与安全处于持续的对话状态，这也是在现代社会再造共同体的基本途径。只有依循交往理性的对话，既避免因共同体的名义而泯灭了个体的尊严和自由，也为身心漂泊的个体指明确定性的归途，自由与安全两种价值才可以动态平衡地共处、共持于共同体中。① 可见，通过推动公共领域内个体间持续的理性互动，从而促进共同体的形成，是平台型媒体达到理想安全状态的关键。

---

① 胡百精. 互联网与集体记忆构建 [J]. 中国高校社会科学，2014（3）.

共同体之所以为共同体，还因为其内部的个体都坚守着相同的价值共识。非传统安全问题摧毁的正是国家和社会的共识基础，① 因此，在非传统安全语境下，达成个体和群体间的基本共识、用更有力的价值回应并解决非传统安全问题带来的威胁至关重要。但目前的平台型媒体还面临着价值观念多样化、社会阶层分化、转型社会利益主体的多元诉求等方面的挑战，为推动个体间的理性对话既要有理性的主流意识形态指引，也要能让不同个体在共商共议中达成价值默契，将"理论认同"与"感性认同"相结合，才能更好地达成理想的认同状态。

总的来说，平台型媒体在非传统安全语境下更应当承担起作为民主协商平台的重要作用。近年来，协商民主理论有了显著的研究转向，即从宏观的规范理论转向微观的机制设计研究，重视协商民主的制度化与技术化操作。在此转向中，一种重要的方法和机制——微型公众协商被提出和发现，在诸多微型公众协商方法中，协商民意测验是一种被最广泛讨论和运用的黄金范式，可以为推动平台型媒体上的民主协商提供重要的理论和实践指导。协商民意测验由费什金提出，其步骤与程序为：首先，依据科学的随机或分层抽样从普通公众中选取代表性的样本参与协商民意测验。为鼓励抽中的公民样本参与进来，会给予适当的报酬与补贴；其次，参与协商的代表会收到讨论议题的说明材料，并通过简单的协商训练，在协商论坛中进行自由、平等的理性沟通与对

---

① 周庆安. 非传统安全下的对外传播新特征 [J]. 对外传播，2012（4）.

话。这种方法可以弥补一般民意调查的理性缺失，即在一定程度上减少未经反思的原初民意所具有的非理性、自私、狭隘等的负面影响。① 通过这种协商民意测验的方式得出的共识是一种关于某一议题的深思熟虑的民意，加之其采用的是一种微型共识的机制设计，能够避免庞大规模大众参与所带来的一系列问题，这些都使得协商民意测试的方法在圈层化、微粒化社会爆发非传统安全问题时表现出独特优势和价值所在。

① 刘华云. 微型公众协商的合法性基础、民主限度与价值重估——以协商民意测验为例 [J]. 探索，2019 (5).

第九章

媒介化时代媒介素养教育的新范式及逻辑框架

一、媒介化：互联网时代社会生活变革的第一现实

理论与实践发展已表明：媒介不仅是一种信息载体，也是一种技术体系和文化体系。一种新媒介的出现不仅意味着信息生产方式的革新，也意味着围绕它的某种组织性和结构性的变动。媒介化（mediatization）包含着媒介与其他社会领域之间关系的结构性转型，也意味着不同社会角色之间社会交往和关系的变动模式，包括个人与组织、个人与媒介、社会与媒介关系的变革。媒介化范式试图回答的是一个特定的社会历史时期中媒介逻辑对社会实践的形塑。

随着大数据、云计算、人工智能技术在社会各个领域的广泛应用和参与，人类面临着第四次工业革命的到来。社会整体的

"媒介化"进程成为当下社会发展和时代发展中最重要的主流趋势与潮流。媒介参与和改变了社会的整体生态环境和人们的一切社会活动，在内容传播的逻辑上成为重构社会政治经济生活的基础设施。媒介化指的是由于媒介影响的增长，社会方方面面和各行各业发生了按照传播逻辑重组的全新变化。媒介化过程就是用媒体的逻辑、机制、传播模式，对社会生活的方方面面进行深刻改造的一个过程。媒介与人、与社会的关系达到前所未有的紧密度。无论是社会组织还是普通民众，从沟通交流到意见表达、日常生活、经济发展，无不依赖于媒介。媒介的社会角色不再仅仅是过去的媒介内容生产者和信息内容的传递工具，开始成为社会政治要素、经济要素、文化要素的激活者、连接者和整合者，成为社会架构和运行的组织者、设计者和推动者。面对数字媒介的迭代发展，面对互联网智能媒介技术对国家经济社会的发展，媒介作为人类生活的基本组成部分也逐渐发展成为当下社会关系构成的基础方式。媒介潜移默化地塑造着人们对外部世界的感知、对公众日常生活准则以及思想行为的深远影响。

在社会各个领域全方位被媒介逻辑参与、改写及重构中，如何为民众树立端正的媒介意识，如何确保民众能正确的接触和使用媒介，如何正确地辨析和理解媒介信息，如何保持科学理性的信息传播与分享，当下的媒介环境急剧变革，如何运用好媒介让它成为个体自我发展和促进社会进步的因素，成为当下社会媒介化进程中每个社会公众需要共同应对的重大社会问题。解决这一系列的问题关键是关注和思考民众的"媒介素养"教育问题。

　　媒介素养是智媒体时代民众融入社会实现自我发展的基础素养。对媒介素养教育的关注越来越成为学术研究、教育政策制定和公众参与社会不可忽视的一个重要概念，对媒介素养教育概念、边界、模式、机制、范畴的研究，对未来的社会媒介化进程建设具有十分重要的意义。提升民众的媒介素养，既是满足智能时代的需求也是提高媒介经济下的社会生产力，更是增强国家的软实力。从当下的现实发展情况来看，媒介素养教育的推进和发展在世界各国水平是很不平衡的。西方国家由于自身的媒体普及程度高及发展迅速，同时在文化建设方面的投入多成果显著，因此，无论是官方还是民间都对媒介素养教育的关注度非常高，并建立了完善的媒介素养教育体系。而我国的媒介素养教育发展比较晚，目前的研究多停留在对某一教育对象（如青少年、政务人员、媒体从业者）或对某一媒介应用（如微博、微信、抖音）上，缺乏从媒介本体根源上进行思考。

　　媒介形态的变化总是和媒介素养教育发展相伴相生，本文从梳理其间的现象和规律出发，考察智媒体时代下传播格局的颠覆性变革以及对媒介的内涵、外延和逻辑运行机制的影响，分析在新媒介的影响下媒介素养的教育趋势、教育理念、教育对象、教育内容以及教育方法等要素变化。通过构建满足媒介化社会需求的民众媒介素养教育的新模式，以期实现全面推进智媒体时代我国媒介素养教育的发展。

二、媒介的代际演进促成媒介素养教育范式的迭代发展

马克思说："历史的逻辑从哪里开始，理论的逻辑就从哪里开始。"在对任何事物的认知过程中，都要充分了解事物所处年代的历史时期、当时的政治经济环境、社会结构组成，尤其是对事物本质规律的把握要充分考虑到各个因素对它的影响，不能单纯孤立地看待它。"媒介素养教育从一开始就伴随着媒介技术和媒介形态的变化而不断发展"，① 媒介自身的演变决定着媒介素养教育的范式和发展趋势。

（一）印刷书籍和报纸时期："抵制、免疫"的媒介素养教育

印刷术的发展使普通民众有了大量接触书籍和报刊的机会，普通大众知识水平得以提高。西方社会从 20 世纪 30 年代开始，报纸就成为发展迅速的行业。这个时期的西方社会的城市建设已初具规模，再加上各种交通工具的发达便利，这就构成了大众媒介受众产生的条件。与此同时，受当时产业革命的影响，这个阶段的西方各个国家的报业得到了得天独厚发展的条件。大众对社会信息了解的需求日益增长，对报纸的购买能力也急速增长。当

---

① 姚争. 媒介形态演进与加强公共媒介素养建设 [J]. 中国广播电视学刊，2010 (01).

时的报业大亨为了加速自身报业集团的急速增长，纷纷采用各种手段来吸引大众的眼球刺激购买力。当时的价值观和社会观甚至被报业集团所决定和影响着。报纸的内容完全操纵着社会舆论和人们行为选择。报纸上过度呈现出的"通俗化"和"媚俗化"的导向和观念与原本的传统文化以及学校正规教育传递的价值观完全的"背道而驰"。针对这种现象，人们开始第一次重视和审视大众媒介和受众之间的关系，并意识到了大众媒介对受众的操控作用，以及受众在大众传播中所处的被动操控地位。针对这一现象，很多学者开始警醒和反思公众的媒介素养，提出了媒介素养教育问题。1933 年，英国学者利维斯和丹尼斯·桑普森发表了著名的《文化与环境：培养批判意识》，文中将"文化素养"作为媒介素养教育的开端。[1] 他们认为这个时期的报纸杂志所推崇的大众流行文化是一种低级满足的不良文化，这种低级满足的文化倾向正在毒害和误导大众的精神追求和价值塑造。他们同时也提出，此刻的大众媒介正扮演着对原有社会道德和秩序的破坏者角色，这些通俗小说和流行小报都是对传统的精英文化和高雅文化的颠覆性破坏。这些极具商业性和机械性的观念正在促使传统的世界观、人生观以及价值观的分裂崩塌。这一阶段的媒介素养教育核心思想是"抵制、免疫"，目的是透过媒介素养教育让大众对抗当时报刊主导的通俗流行文化，并在教育过程中用传统经典

---

① 黄旦，郭丽华. 媒介观念与媒介素养研究——20 世纪西方媒介素养综述 [J].
"传播与中国"复旦论坛（2007），http：／／cpfd. cnki. com. cn／Article／
CPFDTOTAL－FDXX200712001014. htm.

文化来增强大众对流行文化的免疫。通过对不同文化的分析和对照，使受众重新自发地接纳传统文化的价值观。印刷报刊时期的媒介素养教育，采用的是对媒介的"对抗式"的教育理念，中心思想是让公众远离大众媒介而保持本国的传统文化和传统观念。

（二）电视媒介的普及——"甄别、批判"的媒介素养教育

电视在第二次世界大战后得到了迅速发展，成为人们生活中非常重要的娱乐媒介，同时也肩负着社会政治、经济的重大事件发布者的作用，其社会影响力已经无处不在。电视媒介在社会发展中发挥了巨大影响力，使得媒介研究者无法回避其社会作用，不能再仅仅认为电视只是娱乐大众的工具。电视媒介在人们生活中的应用和普及提供了媒介素养教育新变化的机会和土壤。电视媒介的发展推动着这个阶段的媒介素养教育走进了"屏幕甄别和意识批判"阶段。与印刷媒介时期的媒介素养教育相比较而言，电视时期的媒介素养教育，针对屏幕教育开始关注媒介的"再现"的形式现象，这与上一阶段只关注媒介内容及其文本范式的媒介素养教育相比是一个重大的突破。

这个时期在世界各地广泛开展的媒介素养教育脱离了传统的歧视性美学范式，转为发展到政治和具象派范式。媒介素养教育的核心内容是在屏幕教育中关注媒介语言、媒介意识形态的再现问题。教育的重点不在于给学生规定具体的评价体系标准，教育的目的也不在于让学生去评价媒介的好坏，而是让学生明白媒介

的运作机制和组织形式，以及媒介的意识和价值是如何对"现实"进行呈现的，大众又是如何接受和理解这种现实的再现。这一阶段媒介素养教育理论关键性进展就是对媒介"再现"特征的认知和强调，引导学生不仅要单纯地研究媒介内容的呈现，更要注意对媒介形态背后的社会意识、政治、经济、文化等多维因素理解。

到了20世纪后期，媒介素养教育的议题开始进一步扩展到对重大政治和社会问题的讨论上。一些媒介素养教师在结构主义和符号学的研究视角上，呼吁学生要充分理解大众媒介的巨大能量，并要能分辨出现实的真实和大众媒介内容里面的"真实"之间的关系和差别。这个时期的媒介素养教育过程中核心强调的是所有的媒介信息都是经媒介自身的逻辑和语言来进行加工形成的，要充分掌握媒介是更深层次的传播过程这一特性。媒介素养的教育目的是通过让大众了解信息传播过程，从而对公众意识与价值观进行挖掘和引导，促进受众不要对媒介盲目跟从，而要时刻保持对媒介的批判意识，使公众成为媒介的主动使用者。

在媒介技术的推动下，媒介素养教育的理念进一步得到发展，特别是电视和广播的普及，人们逐渐认同了大众媒介俨然成为社会文化主要传播者和创造者。正如1982年，联合国教科文组织召开的国际媒介教育会议，会议上公布了《媒介素养宣言》称："我们生活在一个媒介无处不在的社会，与其单纯的谴责媒介的强大势力，不如接受媒介对世界产生的巨大影响，承认媒介作为文化要素的重要性。"媒介素养教育开始重视受众的主动性，开始转为培养受众甄别媒介信息、批判媒介意识的媒介素养教育模式。

（三）互联网新媒体崛起——"互动、参与、赋权"媒介素养教育

互联网的出现是媒介形态发展中具有历史性的一幕。此后，随着不同媒介形式的不断竞争融合，互联网由最开始的边缘位置逐渐成为社会核心媒体。建立在互联网技术基础上的自媒体传播，因交互性和共享性改变了传播生态。新媒体突破了物理时空限制，可以使地球上任何一个角落的事情，迅速传遍世界，互联网的数字化、多媒体和参与性，改变了人类社会数以千年的交流沟通习惯。网络技术的普及和应用打破了过去由专业化少数精英媒体机构对大量信息的社会垄断，任何个人或个体机构都可以随时随地地发布事件信息和表达思想。个人的媒体私有化现象打破了主流媒体的话语垄断，也使得个体的社会交往和生活工作越发依赖新媒介。在新媒体环境下，传统媒体背景下的媒介素养教育理论很难发挥实质性作用。这一时期的媒介素养教育首次将目光锁定在个人的发展上，即个体如何使用媒介参与并完成在公共社会融入以及健康发展。新媒体时期的媒介素养教育在培养个体对媒介信息的读取和甄别上，更关注媒介、个人与社会之间的三者互动。媒介素养教育的主要内容是培养个体在新媒体的使用过程中保持

开放性的视野和多元化的思维，培养个体的多元思维以及构建个体新知识的能力。随着媒介对社会参与的程度越来越高，媒介素养教育理念中也增加了对批判意识、受众民主参与和媒介使用快感的关切。

三、信息技术革命背景下传播的重构与媒介的转型

媒介是媒介素养的基石，媒介的内涵本质与外延边界，以及内在的运行逻辑都深刻影响着媒介素养教育的实施；反过来，媒介素养教育又对媒介的社会职能角色，媒介与社会、媒介与个人的关系有着影响。因此，建立符合智能时代特征和社会需求的媒介素养教育模式首先就要厘清智能时代的"媒介"内涵、外延与内在逻辑。对任何事物的本质分析都需要对其所在的社会环境整体视角进行思考。对媒介的重新理解和认识首先需要对其所处的大的传播生态格局有了哪些变化进行探讨。以互联网为代表的技术革命对于传媒业的改变实际上是一种更高维度的深刻改变，要重新把握"媒介"这个概念，就要先了解传播的基本生态和格局发生了哪些改变，传播要素之间的关联方式发生了哪些改变，这样我们才能更进一步探讨媒介的内涵、边界、结构及运行逻辑规律。

（一）技术改写的媒介传播格局

以互联网和 5G 为代表的技术革命带来了世界颠覆性改变，同样也深刻影响了传播格局的各个要素。

1. 传播主体：微粒化社会与分布式传播

大众传播时代的传播主体使少数媒介精英掌握了大部分的传播渠道，但是随着 5G 技术普及应用，人们迎来了"视频化"的传播表达时代，人人都可以随时随地通过拍摄、发表视频来表达自己的观念和分享自己的经历，这构成了今天的泛众化传播特征。5G 技术又使得万物互联和全时在线，面对这些泉涌的大数据进行有效的采集和智能化的处理仅凭人力是不够的，因此，机器生产的时代有可能到来。这种由泛众化传播再到机器生产，即由少数人到多数人再到机器的发展过程，是今天传播主体变化的一个特别重要的发展逻辑。

这个时期的传播主体有了两个变化。首先，微粒化社会的到来。就以个人作为社会运作的基本单位实现了"微粒化"的社会构造。其次，社会信息的分布式传播。在传统大众传播时代，社会的传播构造是一种由上而下的串联式传播。但是由于"人人都是传播者"时代的到来，整个社会变成了一种并联式的传播，即分布式传播。以数据为基础的算法中介和驱动造成社会的巨大改变，正如麦克卢汉所言："任何新媒介的出现，其实为社会的连接、社会资源的结构提供了新的方式"。①

2. 传播渠道：万物皆媒与由实转虚

大众传播时代媒介，我们总会直接联想到报纸、广播、电视这些物理性质的存在，但是从今天互联网新技术条件之下传播发生的角度来说，媒介的概念越来越多进入到关系介质传播的框架、结构和范围之中。从通常意义的媒介角度考察的话，现在的传播渠道是由一种物理介质到关系介质的转变。

目前占80%以上的社会信息流动的路径不是通过纯物理级的媒介来进行分发和传播的，而是基于社交链条的社交传播，即基于彼此间的关注和社会关系的连接而构造起的信息传播渠道。从社会层面的角度来说什么内容能够被赋能、被转发、被推荐，之后起作用的其实是数据以及基于数据的智能化算法处理，这是任何一种传统的物理媒介在今天传播的过程当中都做不到的一点。在未来可预计的发展中万物皆媒越来越成为一种现实的可能，传播的介质、中介已经不再是以物理级的媒介作为中介，而是以算法关系，这样一种我们看不见摸不着的方式来进行传播。今天在互联网时代的传播更大程度上是算法为代表的个性化的传播和分层次多种多样的形态传播。传统大众传播的媒介渠道是一种规范化、规模化传播，是以点对面的传播形式，而智能时代的传播渠道是点对点的，精准个性化的传播渠道，不是传统大众传播物理

① 保罗・莱文森. 数字麦克卢汉：信息化新纪元指南［M］. 何道宽译. 北京：社会科学文献出版社，2001：73.

媒介的属性，而是由实体转虚的算法媒介渠道。

3. 传播内容：内容深化与关系表达

从传播内容的角度来说，过去的传播内容基本是具体的人或事件，但是现在的传播内容有一个由外向内的深化，它不仅描述客观环境，而且由于传感器等可穿戴设备的加入，环境信息可以被多维大量掌握，连人的生理状态、心理状态等信息也可以得到获得和表达。这种由实而虚的内容表达，已成为今天作为内容资讯表达的一个很重要的内容。

因此，今天的媒介内容不仅限于具体事件，还有作为关系表达的内容。作为关系表达，几乎没有什么信息量，但是它却深刻地表达了人们之间的关注、情感、情绪之间的互动等。而过去在大众传播的制作和传播过程中，我们把关系表达放在了极其次要，甚至是基本忽略的位置。但在今天互联网的传播中，在这种非逻辑、非理性的关系表达、情感表达、情绪共振中，关系表达反而有时要比事实表达、逻辑表达更让人产生认同感、凝聚力。所谓的传播学上经常提到的一个新词——"后真相时代"。"后真相时代"告诉我们，使人产生认同感的第一位的要素不是事实和逻辑的因素，而是情感关系、情绪共振这方面的要素。因此，关系表达在互联网传播内容中所扮演的角色越来越重要。

4. 传播机制："非理性"成为新的传播基本要素

媒介技术的发展颠覆了传播系统的方方面面，在内容生产、传播渠道、媒介效果等传播基本环节重大变革之后，传播要素的观念也出现了更新与增容。传播技术的革新带来了信息传播渠道的富媒化，实现了信息从窄信道到宽信道的拓展，信息的形式和容量都得到了极大的丰富。信息的传播表征从原本单一的感官符号逐渐发展为融合多重感官的视觉、听觉、AR、VR等多种媒介形式。这种传播活动虽然仍然有中介，但在沟通体验上却类同于面对面的现场交流，表情、动作、场景氛围都成为信息呈现的内容主体。尤其是短视频与网络直播平台普及后，人们参与传播的门槛降低，进入泛众化传播时代。新技术环境下，媒介不再仅仅是信息传递工具，而是链接了物理因素、心理因素、生理因素、社会因素的复杂系统，情感、意志、经验等非理性要素占据了传播主导。相比于新闻逻辑下强调客观性、真实性、准确性的专业性内容生产，互联网则带来了更多个体的自由表达，更注重内容的主观性、情感性和体验性。此时，传播信息内容中的情感性、关系性元素成为传播过程的主导元素。

传播内容生产格局发生剧变的同时，对内容价值的评判标准也相应产生了变化。在现代人们看来，事实与逻辑不再是最重要的，而个人的立场和情感共振要优先于事实，"后真相时代"的感性压制理性就是当下媒介传播中对理性逻辑的最大颠覆。无论是对传播环境、机制认知，还是对结果层面理解，非理性必定成为未来传播格局中重要的基础传播致效机制。

对非理性作为传播致效新机制的判断，是当下传播格局的重大理论发现。作为对未来传播观念的认知扩容，可以帮助我们在后续的媒介素养教育研究中理解对人类使用媒介进行交往过程中的复杂性和非线性。可以帮助我们意识到媒介素养教育的开放性与复杂性，在新的教育逻辑与新的教育价值主张中把情感结构、关系嵌入纳入审视媒介素养教育中媒介价值表达的新学术视角。

（二）算法重塑的媒介运行逻辑：从内容传递工具到社会关系联结

传统的大众传播思维认为，媒介只是一种物理意义上能够被感知的显现存在，但在今天日益复杂而丰富的传播实践图景中，我们会发现中介既可以作为一种实体表达（如报纸、书籍，广播电视），也可以作为一种虚体（如关系、算法）等存在。因此，将媒介仅仅当作信息传递工具的观念，则狭隘了媒介的内在概念、忽略了媒介作为意义和关系建构的居间性。传播的本质就是社会关系的整合，人们通过媒介来认识社会环境、融入社会发展、与他人建立交往，形成社会共同体参与社会公共实践。媒介在人类生存和日常生活中扮演着意义和关系的建构者，并维护其发展。人的社会生存以及实践的意义和价值都是通过在其关系的建构中被反映出来的。当对媒介的认知范式从"信息的传递工具"转为"关系建立的纽带"时，媒介的内涵和外延就被扩展和拓容了。①

当前我们的生存环境被大数据、云计算、物联网、人工智能

---

① 喻国明，耿晓梦. 算法即媒介：算法范式对媒介逻辑的重构 [J]. 编辑之友，2020 (5).

等新技术搭建的移动互联的智能传播社会重绘，算法作为智能时代的基础的应用已经渗透到人们的生活中，以算法为核心的搜索引擎以及内容推荐机制已经深刻影响了媒介的内容生产和用户的使用习惯。算法作为一种新媒介对数字化世界产生了深刻的影响与重建。这些影响不止在新闻传播业、媒体经济领域，还表现在"线上+线下"的社会生活与生产实践中。在数字经济背景下，算法展现出时间、空间、生产消费、传递等多个层面的中介作用，也成为社会管理与发展的"内生动力"与平台资本外向延伸的重要媒介。

算法对于媒介的重新定义，是它作为新的媒介形态呈现出活力与动力，且催生新的媒介形态的确立。它全面参与了"物与人""技术与社会""需求与分送"等各种关系的连接、编排、互动等实践过程。算法最初作为技术带来信息处理、信息分发手段方式的变革，到逐渐融合"人"与"人"、"人"与"物"、"人"与"社会"，深刻影响着媒介的传播方式与内容，重塑了传播形态与传播规则，带来全新媒介运行逻辑规则与机制建构的改变。在算法日益包围社会生活的智能时代，因为自身具有资源聚拢的特性，算法成为一种更高意义的媒介。在媒介素养的教育内容设计和技能教学实践中要充分理解算法逻辑在媒介运行机制中的机理，要充分考虑到算法对媒介的内涵、边界尤其是媒介社会职能角色的价值改变，在帮助学生建立媒介意识、梳理媒介关系、理解媒介资源匹配的同时也为分析基于算法的社会关系建构提供逻辑起点。

四、新传播时代媒介素养教育模式重构

教育模式是指教育各个要素的构成方式、组织逻辑和运行机制，是宏观连续的统一体。受社会所处时代的生产力水平、社会结构和文化传统等因素的影响，教育在不同时期的目标、内容、方法也各有差异，并形成符合时代需求的教育模式。对媒介素养教育模式进行重构需要整合四个前提内容的判断：一是媒介素养教育新趋势的判断；二是媒介素养教育新目标的确立；三是媒介素养教育新内容的设置；四是媒介素养教育新方法的设计。在社会发展不同的历史阶段，每一种新媒体的出现都带来传播方式和社会格局的改变，不同的媒介技术也会催生媒介素养教育的不同范式，但不管媒介素养教育在何种条件下发展，都离不开媒介素养的教育趋势、教育目标、教育内容和教学方法这几个要素。

（一）"破圈融合"为主导的新媒介素养趋势

在传统媒体时代下，大众媒体占据主导地位并未出现明显的媒介圈层和阶层分化现象。到了智能媒体时代，社交媒体成为传播格局里的主流，也成为人们工作、生活、交往的主要平台。社会化高度分工和垂直化社交软件的高度发达造就了社会关系圈层化和族群化现象的势不可当的趋势。网络媒体时代的到来，造就了大量的异质性现实新空间。新的媒介空间里诸多的民粹化、非

理性化、情绪化的网络话题议程增加了社会舆论信息导向的不确定性和风险性。人们要重新面对和适应网络带来的社会议程的舆论场和权力场。

在未来的媒介社会化进程中，利用媒介进行族群化圈层突破，并掌握圈子之间横向沟通整合的能力，把具有不同价值观念和文化属性的人凝结在一起，是未来媒介素养发展的大趋势。打破圈层壁垒并实现横向交流融合是进行我国文化共识建设，实现我国命运共同体倡导的基础保障。突破圈层打破隔阂实现更多人际交流，将个体命运和国家命运牢牢捆绑在一起有助于实现社会各个阶层的通力协作。这也是海德格尔在以《技术的追问》为题的演讲中提到的"技术是一种解蔽方式"，即将人从技术的统治下解放出来，向人的本质回归。①

（二）"以人为本"为核心的新媒介素养目标

"关爱和尊重每个学生的生命本性是教育以人为本的起点和基石，培养学生丰富的社会属性与鲜活的个性是教育以人为本的核心内涵，观照学生的全面持续发展是教育以人为本的终极目的。"② 智能时代的媒介核心价值就是以人为本。无论媒介形态如何改变，都是以人为中心、以人为本的一种延展。非理性传播要素增强了社会成员之间的情感交流性，促使社会关系的平衡有效

①　海德格尔. 演讲与论文集［M］. 孙周兴译. 生活·读书·新知三联书店出版社，2005.

②　姚姿如，杨兆山."以人为本"教育理念的意蕴［J］. 教育研究，2011（3）.

健康地发展。同时算法媒介也扩大了人类参与社会生活工作实践的自由度，大数据下的算法信息推送，简化了人们搜寻筛选有价值信息的步骤和时间，人们可以在短时间内获得大量所需信息，增强了个体对主观世界的掌握能力。如何正确合理地使用网络媒介进行有效的信息传播和人际交流，是智能时代民众的重要素养，"以人为本"的媒介素养教育目标将成为媒介化社会发展的重要条件和标志之一。

（三）"关系联结"为主体的新媒介素养内容

智能时代的媒介对人们的生活和学习产生了前所未有的影响，媒介不只是再扮演信息传递工具的角色，而是成为个体认识社会环境，参与社会实践，建构社会关系的桥梁和平台窗口。个人的社会存在价值意义和与他人的关系联结都汇集反射在媒介这个平台上。媒介技术的发展促使人类关系交往方式和信息传递活动的重大变革，必然也会增加媒介素养教育内容的增容。以往媒介素养教育的内容多停留在对媒介形态的基本认知和媒介工具的使用基础上，教学内容也以引导学生对媒介内容的理解、媒介形式的甄别和对媒介技术的使用上。但随着智能新媒介技术的发展，极大地提高了人们媒介使用的便捷性，增强了信息传播的互动参与性，提供了公众参与社会活动、表达社会意愿的更多可能性。这就要求媒介素养教育内容要以培养公众的社会关系联结能力、非理性的情感表达并最终使用媒介达到个体发展融入社会实践，完成自我提升和自我增长的目的。任何事物都具有两面性，新媒介技术在给人们生活带来颠覆性便利的同时也会带来舆论暴力和虚假信息等负面影响，这就更迫切地需要在对受众进行媒介素养教育的过程中清晰地认识到媒介的关系联结的本质属性及其社会职能角色扮演的重新定位。

（四）"参与体验"为感知的新媒介素养教学法

在传统大众媒体时期，媒介只涉及人们的部分生活娱乐需求，但在智能时代媒介已然成为人们工作生活学习必不可少的物品。新媒体的广泛参与性及不可预知的变化性，使得媒介素养在教学过程中对以往单一的以讲授为主的方式已经得不到满足。以"视频"表达为主的新媒介建立了全球性的信息传播系统，新的媒介融合文字、声音、图像、音响等多种媒体语言的表达符号，包括人际传播、组织传播、大众传播等多层级多类型的传播组织活动，尤其是打破了不同国家和地域因语言文字的差异而带来的界限和障碍。当下在对各种媒介形式和工具的开发设计中，从界面操作到内容呈现都把互动和参与作为明显的文化特征。参与式文化社会需要人们能更好地利用参与式媒介推动自身、社区、社会、人类的发展，这也对媒介素养教育提出了进一步的要求，使得开展参与式媒介素养的教学实践显得极为迫切。智能时代的媒介格局已经不再满足于原有的单一、被动的媒介启蒙和教育，而需要的是体会和理解媒介在社会系统中发挥更活跃的作用。媒介素养教学实践应该是具备开放互动、体验参与的媒介感实践。这就要求智能时代的媒介素养要更多地进行以"参与"和"感知"为主的体验教学，即在教学过程中要结合新媒体技术，从原来的个人对媒介的使用层面的关注转到个人使用媒介参与社会实践活动的层面。"参与体验"的媒介素养教学方式，可以更直观地让学生感受线上生活与线下生活交织在一起的媒介体验，可以加深理解受众不仅是媒介内容的孤立接受者，而且是作为媒介化社会中民众的一分子。

五、小结

综上所述，新技术革命带来的最为重要的社会改变就是整个社会的媒介化——从媒介作为信息传播的工具、渠道到成为社会生活的基础设施、再到成为社会生活重构的设计者。而所谓社会的媒介化就是以媒介的逻辑重构社会生活的各个领域，换言之，互联网已经不仅仅是架构社会生活的基础设施，而且已经成为重构社会生活的"设计师"。因此，未来媒介素养教育的重点将不再仅仅是内容的传播（规则、机制及效果），而是如何传播来重构社会生活，即在非内容领域的发展和重构中传播的角色、作用的机制及发展的模式等，这既是未来社会发展的大趋势之一，也是媒介素养教育新范式的着眼点和着手处。

附　录

网络舆论的"后真相"辨析：以 2018 年度争议新闻事件为例

近几年，"真相"这个词正在遭遇全球性的挑战——2016 年《牛津辞典》将"后真相"（post-truth）评为年度词语；2017 年，《柯林斯英语词典》将"假新闻"（fake news）列为年度热词；而 2018 年，英文网站字典网（dictionary. com）评选出了年度词语，仍旧和假新闻有关，即"假消息（misinformation）"。在接受美联社采访时，该网站常驻语言学家简·所罗门说，他们有意选择了 misinformation 而不是 disinformation，两者的区别在于意图，所谓 disinformation 是指故意发布假消息，即 fake news；而 misinformation 是指无论信息是真是假，人们由于对自己掌握的信息信任不已，因此会有意无意地进行传播，在这个信息的传播过程中，人们越来越偏离真相。就国内的舆论而言，2018 年的"吃瓜群众"也许本无恶意，但参与接力的"后真相"传递不乏案例，更具有普遍性的是大部分人只记得追寻真相中途的热闹，却根本忘了关心结果和事实。

1. 重庆公交事故：真相也许简单又不堪

在重庆公交坠江事故发生后，真相尚未调查清楚之前，社交媒体一度被各种谣言充斥：从最开始的女司机逆行导致事故，到有一名学生成功跳窗逃生，再到司机彻夜 K 歌导致睡着等各种版本的谣言在网上流传……这当中，有媒体报道角度的不谨慎责任，更有社交媒体上情绪扩大器的作用，不遗余力参与传播的网友们，在见到任何可能的原因分析之后立刻奉献了全部技能——人肉了女司机和家属、调查了司机作息时间、想象了众多因素之间的必然关联，甚至集体研究了"科里奥利加速度错觉"这样的概念，可谓不遗余力。公众情绪不断被引导去质疑福利制度、豆腐渣工程等深制度因素。

不堪的真相被公布之时，其实是带来了全民的激愤和失望，一车人的惨痛遭遇竟然只是因为一个人的疯狂行为，舆论之后再次涌向对此类行为类比的各种真假视频上。

可以说，重庆公交车事故为全民上了一次代价惨重的基础安全教育，但并没有多少人反思在这期间，自己满腔善意转发出去的，是离真相甚远的假消息，这是一次基础媒介素养教育的缺失。

2. 瑞典华人新闻："受辱"的玻璃心

2018 年 9 月，一个华人家庭在瑞典的遭遇，引发了一阵舆论的波动，围绕此事的争议相当激烈，它很大程度源于前后的信源变化。最早当事人自述的版本隐去了冲突的前因后果和细节，建立起了一个中国游客在外国无故受辱、被歧视的信息模型，随后公众情绪被点燃，不断涌入对当事人的同情和对瑞典警方甚至是国家的抨击。之后，随着当地信息的流出甚至瑞典华人的信息源的扩展，相当一部分公众认为双方的矛盾存在文化差异和个人素质上的因素，逐渐平息了对此事的关注，然而瑞典电视台随后的冒犯节目再次引发大规模网民的攻击，成功将事件上升为国家之间的外交事件。

前期的网络舆论都源自"受辱"的心态共鸣，如果这一事件发生在国内，其路径大致会走向执法探讨、人文关怀；然而一旦发生在国外，就立刻引爆了国人惯性的受辱思维与玻璃心。诚然，瑞典警方的执法方式值得拿到更大的层面探讨，但是审视前因后果后，上升到辱华层面的探讨的确折射了这一玻璃心。

3. 王凤雅事件：谣言等不及同理心

5月，河南三岁女童死于眼癌的事件，本是众多悲剧故事中的一个，但因为救助失败和信息错位，使事件陷入一场全网卷入大型的"罗生门"。一位微博 ID 为"作家陈岚"的女士，在新浪微博实名报警称，"王凤雅疑似被亲生父母虐待致死"。她在当日发布多条微博，声称王家家属骗捐、重男轻女。女童、癌症、贫困、众筹，几个关键词自动启动所有网民擅长的"脑补"技能，一时间王凤雅的家庭遭遇口诛笔伐。然后令人咋舌的是，在舆论风暴席卷之时，女童尚未去世，正在奄奄一息，父母方为了摆脱骂名又送去医院，甚至在舆论审判中给已经去世的女童验尸以证父母的清白。

事件全程，经由一次微博个人的爆料、一次自媒体的放大，历时近两个月，最终尘埃落定在一个贫困家庭的无措、无奈和无计可施上。深度新闻媒体的介入，最终梳理和还原了一个令大多数人唏嘘的故事，参与发布的个人和媒体公开道歉，大多数人献出自己的同情和理解。但最终，谁又能在这个原本苦难的家庭所忍受的重拳之中没有你失去理智时献出的一份力？

4. 德阳女医生自杀：键盘的世界里罪无可恕

德阳女医生因为在泳池与两名 13 岁男孩的一次冲突，最终不堪网络暴力而自杀。女医生被男孩家长精心剪辑的视频、有组织的舆论引导、有意图的线下行动团团包围，从而走向不归路。最终被不明真相的网民"诅咒"与"劝死"的人真的自杀了，网络大军却立刻调转矛头，表示短视和心胸狭窄的男童家庭是杀人凶手也不应该苟活……

有媒体在评价事件时提到，"被精心挑选的真相，乘坐网络时代的戾气之车，很快就飞遍角角落落""到底是别人罪不可恕，还是我们的情绪坏到没有退路"。可以说，这一事件是互联网舆论中典型的案例，被情绪裹挟的群众，被谣言蛊惑的键盘侠甚至没有看全内容就挑选期间最刺眼最容易引发效果的传播手段带起更多的人扑向"后真相"，虚拟世界中的语言暴力一点都不虚拟、不迷离，而是结结实实的审判。

5. 80 后白发书记：网民的政治想象力

中国网民对于人事任免通常有着巨大的敏感性和想象力，曾经"年轻""美貌"都是人事工作的硬伤，因为公示被全网人肉的地方干部、女干部实例颇多，而这一次，"老"与"朴实"这事儿似乎也复杂了。11 月 16 日，一张满头白发的人事任免照片，让云南楚雄新提拔的 80 后干部李忠凯成为"网红"。因实际年龄与苍老的面相和花白的头发形成反差，一下子引发了网民对"年龄造假""作秀"等方面的强烈质疑。好在官方辟谣及时，公布了真实的情况，才免于舆论甚至人肉行为继续发酵。在这一事件中，传统媒体发挥了一定的引导作用，成功将网民的关注从个人引导至对于基层扶贫工作的艰难之上，成为及时发布信息疏导舆论的成功案例。

6. 基因编辑婴儿：国家队级别的不堪反转

官方舆论的引导显然并不一直有效。因为宣布免疫艾滋病的基因编辑双胞胎降生，深圳南方科技大学副教授贺建奎已然向全球扔下了一个深水炸弹。但早在 11 月 26 日，人民网的报道称，来自中国深圳的科学家贺建奎取得了最新的"研究突破"：一对基因编辑双胞胎在中国健康诞生，由于一个基因经过修改，使他们出生后即能天然抵抗艾滋病。报道刊出后，引发国内外轩然大波，质疑接踵而至。不断有国内外科学界发出声讨和质疑，对科学伦理的丧失痛心疾首，科学界机构也纷纷表态，与己无关，并撤销、取消一切沾边儿事务。然而至本文撰写时（12月初），关于贺建奎这一重大科技突破的报道还以正面宣传的态度，仍然挂在人民网上，央视2017年春节期间关于基因编辑实验的正面宣传报道也在网间汹涌流传。

贺建奎事件暴露出我们科技伦理领域的建设仍然滞后于科技进步的速度，存在监管漏洞和法律盲点。但从起初国家队媒体的宣传口径上看，这样在伦理层面意识上的滞后恐怕深入骨髓。在这个事件的传播中，大部分的网民对专业技术无从下嘴，但是都深入地理解了一次，科学伦理意味着什么，可悲的是似乎每一次的全民素养的基本提升都要依靠一场惊天事故的"加持"。

7. 昆山宝马案：草根正义的云狂欢

昆山宝马案借由清晰的道路监控视频，成为全民见证的一场"市井恶霸欺负草民反被杀"的案件。一场本来由交通纠纷引发的杀人事件，从未如此过程清晰、结果鲜明。一场本不该发生的"你死我活"的纠纷，因为被杀害人身份的曝光成为以网民的众矢之的，毕竟前科累累、人生三分之一时间都在坐牢的恶霸得到的下场也不过是咎由自取。网民最担心的是，"坏人"反被杀，"好人"有没有罪？正义、仇恶、胆小，几乎充斥在每个为此发声的草民身上,宣判结果,"好人"无罪才真正开启了一场草根网民的狂欢——据媒体采访后报道,于海明一家人遭遇了空前的苦恼:网友在微博晒出向于海明捐赠 30 万的虚假信息,家人不得不一次次对媒体和亲朋好友的追问进行解释;联系不上于海明,网友从全国各地找到老家,有人愿意高价聘请于海明工作,免费帮助他儿子治病,也有多家机构希望给他们家捐钱……所谓"平民英雄"根本不愿再提起的噩梦一般的经历,正成为草根们单方面希望继续演绎的"后传"。

以上并非 2018 年的全部典型网络事件,也不能囊括"后真相"案例的种种,但确是全民参与的众多舆论高潮的一部分。如同那句话,大部分人"猜得中开头,却猜不中结尾",吃瓜群众已经走在制造下一波高潮的路上,很多人早已忘记上述的事件最终走向了哪里。

某种程度上说,互联网最大的便利是连接了所有人,最大的罪恶也是可以被任何人连接上——当事人不想说,而被连接的人已经站在了门口;当事人很想停,而被连接的人并不过瘾;当事人很想言明真相,而被连接的人却正"众口铄金"……互联网可以让任何一个人发声,也可以让任何一千万个人发声,那些没耐心的、被情绪裹挟的每一个个人节点,都左右着舆论的走向。

唯望理智可以成长,社会发展走出"后真相",今后的关键词不再与"真相"有关。